RODOLF SIRERA

El veneno del teatro
Diálogo entre un aristócrata
y un comediante

Trío

fundación autor

sociedad general de autores y editores

RODOLF SIRERA
El veneno del teatro. Diálogo entre un aristócrata y un comediante
Trío
Primera edición, 2013

© De *El veneno del teatro:* Rodolf Sirera
© De la versión en castellano: José María Rodríguez Méndez
© De *Trío:* Rodolf Sirera. (Traducción al castellano de Rebeca Valls y Nacho Diago)
© Del prólogo: Juan V. Martínez Luciano
© Para esta edición: Fundación Autor, 2013

Coordinación editorial: Pilar López. Diseño gráfico: José Luis de Hijes. Maquetación: Equipo Nagual, S.L. Corrección: Marisa Barreno. Logotipo de la colección: Francisco Nieva. Imprime: Navagraf, S.A.

Edita: Fundación Autor
Bárbara de Braganza, 7, 28004 Madrid / publicaciones@fundacionautor.org
www.fundacionautor.org

D L: M-16182-2013   ISBN: 978-84-8048-849-5

Índice

RODOLF SIRERA: 'EL VENENO DEL TEATRO' Y 'TRÍO'

RODOLF SIRERA (Valencia, 1948), uno de los autores teatrales más importantes de las tres últimas décadas en el País Valenciano, consiguió el reconocimiento internacional con una de las obras incluidas en este volumen, *El verí del teatre [El veneno del teatro]* (1978) –obra traducida a varias lenguas europeas (inglés, francés, eslovaco, griego, italiano, portugués, polaco, húngaro, etc.), y de la que se han realizado numerosas producciones en todo el mundo–, que se estrenó, en su versión original en catalán, en octubre de 1978, en el segundo canal de Televisión Española –y solo para Cataluña–, dirigida por Mercè Vilaret e interpretada por Carles Velat y el malogrado Ovidi Montllor[1].

Entre sus obras más importantes cabría destacar, además de las dos contenidas en este volumen, *Plany en la mort d'Enric Ribera* [Llanto en la muerte de Enric Ribera] (1974)[2], *La pau (retorna a Atenas)* [La paz (vuelve a Atenas)] (1975), *Bloody Mary Show* (1980), *La primera de la clase* (1985), *Funció de gala* (1987), y aquellas otras que, en cierta manera, experimentan con el hecho escénico, como *Indian Summer* (1987), *La caverna* (1993), *Punt de fuga* (1999) y *Raccord* (2005).

Parte importante de su producción teatral son, así mismo, las obras escritas en colaboración con su hermano Josep Lluís Sirera, textos que podríamos denominar de "temática histórica" y que representan

---

[1] Recomendamos al lector la monografía de Rafael del Rosario Pérez González, *Guia per recórrer Rodolf Sirera*, Barcelona, Insitut del Teatre, 1998, para un estudio más exhaustivo de la producción teatral del autor.

[2] No se traducen aquellos títulos que resultan fácilmente comprensibles para el lector.

probablemente un tipo de teatro más comprometido socialmente: una primera trilogía publicada entre 1976 y 1977, compuesta por *El còlera dels déus* [El cólera de los dioses][3], *El capvespre del tròpic* [El crepúsculo del trópico][4] y *El brunzir de les abelles* [El zumbido de las abejas][5], que repasa momentos de la historia del País Valenciano desde la revolución de 1868 –conocida como "La Gloriosa" o "La Septembrina"– hasta la subida al trono del rey Alfonso XIII; un segundo grupo que los autores bautizaron como la "trilogía de las ciudades", publicada entre 1988 y 1994, compuesta por *Cavalls de mar* [Caballos de mar] (1988)[6], *La partida*[7] (1991), y *La ciutat perduda* [La ciudad perdida] (1994)[8]; y una tercera trilogía, de la que hasta el momento solo han publicado dos obras, *Silenci de negra* (2000)[9] y *Benedicat* (2006)[10], relacionadas con la II Guerra Mundial y en cierto modo con el tema de la "memoria histórica" y "la actitud de los intelectuales ante la represión y la injusticia", en palabras del propio autor.

Como él mismo ha afirmado en más de una ocasión, sus raíces teatrales se encuentran fundamentalmente en Chéjov, Ibsen y Pirandello, y no es casual, por tanto, que haya traducido para la escena obras como *La dama del mar* (1980) y *Hedda Gabler* (2004), de Ibsen; *El jardí dels cirerers [El jardín de los cerezos]* (1984), de Chéjov, y *L'home, la bestia i la virtut [El hombre, la bestia y la virtud]* (1988), de Pirandello, entre otras traducciones y versiones de diversos autores.

Otro de los autores que ha influido en su escritura teatral, como en tantos otros autores teatrales del siglo XX, es Bertolt Brecht, y quizá por eso una de sus últimas obras teatrales, escrita también en colaboración con su hermano Josep Lluís e inspirada en el autor alemán, sea *El día que Bertolt Brecht va morir a Finlàndia* [El día

---

[3] *El còlera dels déus*, con Josep Lluís Sirera Turó, València, Editorial 3i4 Teatre, 1976.

[4] *El capvespre del tròpic*, con Josep Lluís Sirera Turó, València, Editorial 3i4 Teatre, 1977.

[5] *El brunzir de les abelles*, con Josep Lluís Sirera Turó, València, Editorial 3i4 Teatre, 1977.

[6] *Cavalls de mar*, con Josep Lluís Sirera Turó, Barcelona, Edicions 62, 1988.

[7] *La partida*, con Josep Lluís Sirera Turó, Alicante, Ayuntamiento de Alicante, 1991.

[8] *La ciutat perduda*, con Josep Lluís Sirera Turó, València, Editorial 3i4 Teatre, 1994.

[9] *Silenci de negra*, con Josep Lluís Sirera Turó, València, Editorial 3i4 Teatre, 2000.

[10] *Benedicat*, con Josep Lluís Sirera Turó, València, Editorial 3i4 Teatre, 2006.

El veneno del teatro / Trío   9

que Bertolt Brecht murió en Finlandia], publicada en 2006[11]. Cabría citar también entre sus preferencias dramatúrgicas a autores como Buero Vallejo y Benet i Jornet –autor que ha influido notablemente en la carrera televisiva de Sirera–, y aquellos otros autores que, en la década de 1950, supusieron la ruptura con el teatro más convencional: Beckett, Ionesco y Adamov, entre ellos.

No podemos dejar de mencionar su trabajo para televisión como guionista o director argumental, que ha dado como fruto, individualmente o en colaboración, las series *Russafa, 56* [Ruzafa, 56], *Nissaga de poder* [Linaje de poder], *Laberint d'ombres* [Laberinto de sombras], *Herència de sang* [Herencia de sangre], *A flor de pell* [A flor de piel], *El Súper, Temps de silenci* [Tiempo de silencio], *Setze Dobles* [Dieciséis dobles], *Mar de fons* [Mar de fondo] y *Amar en tiempos revueltos,* actualmente *Amar es para siempre.*

Tras estas breves anotaciones biográficas, dedicaremos las siguientes páginas a apuntar unas breves reflexiones con respecto a las dos obras teatrales incluidas en este volumen –*El veneno del teatro* y *Trío*–, y, como veremos a lo largo de las páginas que siguen, no es casualidad que hayan sido estas las obras elegidas para la edición, puesto que, a pesar de los años transcurridos entre la escritura de ambas –más de treinta– y la diferencia estilística y argumental, el lector podrá comprobar que hay constantes alusiones, directas e indirectas, a *El veneno* y al propio autor, que planean sobre la más reciente *Trío.*

EL VENENO DEL TEATRO

Como anteriormente mencionábamos, han existido numerosas producciones escénicas de *El veneno del teatro.* La última de la que tenemos constancia ha sido la dirigida por Mario Gas, e interpretada por Miguel Ángel Solá y Daniel Freire, que se estrenó en los Teatros del Canal de Madrid, el 29 de noviembre de 2012, y que tras su exhibición en Argentina a lo largo de estos últimos meses volverá al escenario de su estreno durante la próxima temporada[12].

---

[11] València, Universitat de València, Colección *Teatro Siglo XXI,* Serie Textos, núm. 6.
[12] Remitimos al lector a la excelente crítica que de esta producción hizo Marcos Ordóñez, y que se publicó en el *El País* el 4 de enero de 2013.

Y no podemos dejar de mencionar la que en 1983, y dirigida por Emilio Hernández, produjo el Centro Dramático Nacional, con José María Rodero y Manuel Galiana como protagonistas, ya que, en cierta manera, supuso el reconocimiento definitivo, en la historia del teatro español, de la obra y de su autor[13].

Como es lógico, también son innumerables los textos críticos que a lo largo de más de treinta años han abordado la obra desde diferentes ópticas y que, al releerlos para preparar estas notas, demuestran la absoluta vigencia del texto[14]. Un texto que, en palabras de Marcos Ordóñez, en el artículo citado en el que revisaba la última producción estrenada, representa "un suculento juego de ideas con una intriga muy bien armada y de notable tensión dramática [y que mezcla] de nuevo las formas (diálogo diderotiano y *thriller* psicológico)", recordándonos así una de las claves de la obra: la postura de Diderot[15] y de sus seguidores –que afirmaban que el actor debe despojarse de su sensibilidad para poder desarrollar su capacidad de imitación y de reflexión– frente a la opinión de quienes defendían la importancia de que el actor se identificara con el personaje hasta el extremo de poder mezclar sus sentimientos personales con los del personaje al que interpretaba. Tema este que, en cierto modo, sigue vigente entre los teóricos de la interpretación que siguen proponiendo argumentos a favor o en contra de la identificación con el personaje o su exteriorización. Así expresa Sirera esta confrontación en su texto mediante el personaje del Marqués:

A mí, no me preocupan demasiado las opiniones mundanas... *(Pausa)* No, amigo Gabriel. Mi obra es una investigación. En ella quiero comprobar –y al mismo tiempo demostrar– mis propias teorías. *Monsieur* Diderot dice, de

---

[13] La versión castellana del texto fue realizada por José María Rodríguez Méndez, y es la que aparece en esta edición.

[14] Por su relevancia, mencionamos tan solo dos estudios que nos parecen especialmente interesantes en su aproximación a esta obra: E. Hernández, *"El verí del teatre"*, y R. Domingo Santolaria, *"El verí del teatre. Anàlisi d'una obra dramàtica"*, ambos publicados en E. Herreras (ed.), *Aproximació al teatre de Rodolf Sirera*, La Tarumba Teatre núm. 5, Alzira, Bromera, 1999. Resulta especialmente recomendable el primero de estos artículos, escrito por Emilio Hernández, en el que su autor se adentra en cuestiones relacionadas con la producción de 1983, para el Centro Dramático Nacional, a la que antes aludíamos y que él mismo dirigió.

[15] Recordemos *La paradoja del comediante,* del ilustrado francés.

modo absoluto, que el mejor actor es aquel que permanece lo más alejado posible de su personaje. El teatro es ficción, y como tal ficción la forma más adecuada de llevarla al espectador es justamente fingir de una manera cerebral. Por vuestra parte, vos os contradecís en este mismo punto. Dijisteis que la emoción os domina al representar, que vuestra personalidad se confunde con la del personaje, pero a la vez reconocéis que tal identificación no es completa, ya que son necesarias determinadas técnicas: colocación de la voz, movimientos, etcétera. Yo, por mi parte, quiero defender las posiciones contrarias: las mejores actuaciones serán aquellas en las que el actor ES el personaje, lo vive en toda su intensidad, hasta perder incluso la conciencia de su propia individualidad. El teatro no tiene que ser ficción, ni arte, ni técnica... El teatro tiene que ser sentimiento, emoción y, por encima de cualquier otra cosa, el placer de transgredir las normas establecidas...

El veneno del teatro tiene otras muchas características dignas de ser reseñadas y que, como decíamos anteriormente, han sido objeto de numerosos estudios, por lo que obviaremos extendernos más en el análisis de la obra. Pero no queremos concluir este apartado sin advertir al lector de las numerosas dualidades presentes en el texto que contribuyen a crear esa "tensión dramática" de la que hablaba Ordóñez: el doble sentido del título, el desdoblamiento de los dos personajes, la doble teoría teatral a la que ya hemos aludido, el doble final de la obra... Todo ello contribuye a hacer de *El veneno del teatro* una de las piezas más importantes del teatro español del siglo XX.

TRÍO

Trío es una obra inédita y la última que, hasta el momento, ha escrito Rodolf Sirera. Escrita en catalán –entre noviembre de 2011 y marzo de 2012, como reza al final del texto–, ha sido traducida al castellano por Rebeca Valls y Nacho Diago, y es esta versión traducida la que aquí se presenta. *Trío* está dedicada a Rebeca Valls, excelente actriz, además de coautora de la versión, a la que, a tenor de la dedicatoria que aparece en el texto, debemos el "regreso" del autor a la escritura teatral, ya que, como él mismo dice, "[le] ha hecho volver a mirar con afecto un oficio que durante un tiempo, demasiado tiempo, pensaba que había dejado de interesarme".

La obra refleja, en tono de comedia, la situación por la que pasan actualmente muchos actores que, en el mejor de los casos, compatibilizan el teatro con las series televisivas y las diferentes vicisitudes –no por anecdóticas menos ciertas– que se generan en torno a esa inseguridad laboral. Y advertimos lo cómodo que se encuentra el autor al escoger, como parte del argumento de la obra, esta especie de "doble oficio", representado fundamentalmente por los actores masculinos, David y Óscar, pues se trata de dos ámbitos que conoce y domina a la perfección profesionalmente, conocimiento y dominio que, como veremos, utiliza con maestría a lo largo del texto. Introduce, además, en ese mundo el personaje de Micaela (Micky), mediante el cual enriquece el argumento con las relaciones personales que se generan, y que añaden elementos propios de la más clásica comedia de "enredo".

Demuestra Sirera, por tanto, en *Trío* su conocimiento y manejo de la "carpintería teatral" aplicada, en este caso, a la comedia, puesto que es ese el tono que sobrevuela toda la obra de principio a fin. Y no olvida en ningún momento –y es parte también de la especial construcción dramática de la obra– la necesaria economía que, en los momentos actuales, necesita una producción teatral, por lo que, de nuevo de manera magistral, utiliza en diversas ocasiones las voces "en *off* " para introducir toda una serie de personajes "necesarios" para el desarrollo argumental.

Trío contiene numerosas alusiones indirectas al mundo de las series televisivas, pero, al tiempo, está plagado de referencias directas al teatro de Sirera, tanto en su faceta de autor –en este caso con cierta ironía, como veremos– como de traductor. Así, por ejemplo, cuando Óscar se presenta a una prueba, los textos elegidos por el autor son fragmentos de *Hedda Gabler* y *El jardín de los cerezos,* textos traducidos por Sirera, pertenecientes a Ibsen y Chéjov respectivamente, autores que, como apuntábamos más arriba, están en las raíces teatrales de aquel:

VOZ HOMBRE *(off).*— Si le dieran la oportunidad, ¿qué personaje de la historia del teatro le gustaría interpretar?

ÓSCAR.— Hedda Gabler. Sí, ya sé que es un personaje femenino. Pero hay tantas cosas que nos unen… Hedda no soporta la mediocridad del mundo contemporáneo. Tiene un anhelo insatisfecho de belleza, no la comprende nadie, ni ella comprende las pequeñas y las grandes mezquindades, las mezquindades cotidianas de los que la rodean...

Voz HOMBRE *(off).*— Ibsen no interesa. Haga la escena que se ha preparado, por favor.

ÓSCAR.— No interesa Ibsen... ¿Interesa Chéjov?

Voz HOMBRE *(off).*— No tenemos todo el día.

ÓSCAR.— *(Mima la acción de abrir una puerta. Con voz de persona mayor, está haciendo de Firs. Exagerando el personaje)* "Cerrada... Se han ido. ¡Se han olvidado de mí!... No importa... Me quedaré aquí, sentado... Seguro que Leonid Andreich no se ha puesto la chaqueta de piel y solo lleva el abrigo... *(Suspirando)* ¡Y yo sin enterarme!... Juventud, ah, juventud... *(Dice algo que no se entiende)* Ha pasado la vida... Y a mí me da la sensación de no haberla vivido... Estoy cansado, echaré una cabezadita... Ya no te quedan fuerzas, ya no te queda nada... Pobre Firs... No eres más que un infeliz... Un infeliz...".

Como decíamos, el texto está salpicado también de alusiones no exentas de cierta ironía a sus propias obras, como sucede en el momento en el que ambos actores leen un texto que, en palabras de David, "es un rollo, un tostón, una obra absolutamente insoportable... Los espectadores no llegarán ni a dormirse. Nos matarán antes", y que es en parte un fragmento de *Raccord:*

ÓSCAR.— "Dicen que, a medida que te vas haciendo mayor, vives cada vez más en los recuerdos. Por eso los viejos son tan pesados. Siempre están recordando cosas. Como Enrique. Siempre contando sus batallitas..."[16].

Un texto, por cierto, el que ensayan –y de nuevo nos encontramos con un "guiño" al espectador–, que ha sido escrito por un autor prácticamente desconocido para los protagonistas:

---

[16] El mismo Sirera, en nota a pie de página, advierte que es un fragmento traducido de su obra *Raccord,* Barcelona, Proa y Teatre Nacional de Catalunya, 2005. El personaje de Enric Ribera, al que se hace referencia, es el protagonista de otra obra del autor, *Plany en la mort d'Enric Ribera [Llanto en la muerte de Enric Ribera],* Barcelona, Edicions 62, 1982.

DAVID.— ... Un texto de un autor que promete, me dijiste...

ÓSCAR.— ... y es una obra que trata del teatro...

DAVID.— ... ¡una mierda promete! El autor tiene sesenta y cuatro años...

ÓSCAR.— ... es intemporal, las obras que hablan del teatro siempre le gustan a la gente...

DAVID.— ... sesenta y cuatro años, ni siquiera sabía que había escrito teatro de joven... Es un profesor universitario, Óscar... ¡U-ni-ver-si-ta-rio!

ÓSCAR.— ... y me la ofreció en exclusiva... ≠

DAVID.— ¿En exclusiva? ¡Y tan exclusiva! ¿Quién cojones, que no esté como una puta cabra, querría estrenar eso?

Pero lo que le da sentido a la elección de estos dos textos para componer esta edición son las referencias que aparecen en *Trío* a *El veneno del teatro* y a su autor. De nuevo un autor, él mismo, al que Sirera hace "aparecer" en el texto en relación con *El veneno:*

DAVID.— Pues resulta que dice que pasa de todo, del teatro, ya sabes cómo es él, de todo, pasa de todo...

ÓSCAR.— Si yo ganara lo que gana él haciendo tele, ya podría...

DAVID.— Dice que no es la tele, que está hasta los cojones de la obra, que parece que no haya escrito otra obra en toda su vida, solo le piden esa para representar...

Y un texto que se convierte, en cierto modo, en la tabla de salvación de los protagonistas de *Trío,* porque la concesión de los derechos de la obra por parte de su autor les permitirá afrontar de otra manera su futuro profesional:

ÓSCAR.— *El veneno del teatro,* ostras, tú... *(Recitando)* "Tenemos que poner en el escenario todas nuestras miserias, nuestras angustias, nuestros incon-fesables deseos, nuestros temores, Gabriel, nuestra verdad...".

Casi al final de la obra, por tanto, Sirera –dramaturgo, traductor, guionista y director argumental televisivo, profesor universitario, de sesenta y cuatro años– vuelve a sus orígenes, vuelve a *El veneno* para recordarnos aquello para lo que, desde su punto de vista, sirve el teatro, y no podemos sino estar de acuerdo con él.

Juan V. Martínez Luciano
Valencia, abril 2013

RODOLF SIRERA

El veneno del teatro

Diálogo entre un aristócrata
y un comediante

Versión en castellano de José María Rodríguez Méndez

El veneno del teatro

Estrenada, en su versión original catalana (El verí del teatre), *el 4 de octubre de 1978 en el programa* Lletres Catalanes *de RTVE, bajo la dirección de Mercè Vilaret, con Carles Velat y Ovidi Montllor en los papeles protagonistas.*

Adaptada al castellano por José María Rodríguez Méndez, subió a las tablas del Teatro María Guerrero de Madrid, el día 10 de noviembre de 1983, bajo la dirección de Emilio Hernández, y fue interpretada por José María Rodero y Manuel Galiana.

El 15 de febrero de 2006 se repuso la versión original en la sala Joan Brossa de Barcelona. Agathe Alexis dirigió a Muntsa Alcañiz y Manuel Dueso. Por este montaje, el autor de la obra, Rodolf Sirera, recibió el premio Max 2007 al mejor texto teatral en catalán o valenciano.

Al cierre de la presente edición, Los Teatros del Canal de Madrid habían acogido la más reciente reposición del montaje en castellano, el 29 de noviembre de 2012. Director: Mario Gas. Intérpretes: Miguel Ángel Solá y Daniel Freire.

PERSONAJES

GABRIEL DE BEAUMONT, *comediante*
EL SEÑOR MARQUÉS DE...

Los personajes de esta historia son totalmente imaginarios. La fecha y el lugar en los que se desarrolla la obra acentúan su imposible identificación.

"¿Qué habría que hacer para dejar satisfechos a tan exigentes jueces? (...) Únicamente alejarnos de las cosas naturales, para dejarnos caer en los brazos de las extraordinarias..."

Jean Racine, prefacio de *Britanicus*

A Joan Brossa

París, 1784. Salón recibimiento en un palacio rococó. Muebles según el gusto y estilo de la época. Una parte del foro forma chaflán y está enmarcada por una especie de gran arco practicable cubierto por cortinajes. El resto del foro muestra un gran ventanal enrejado a través de cuyas vidrieras se observa el progreso inexorable del crepúsculo. A derecha e izquierda, dos puertas cerradas. Sentado en una butaca, Gabriel de Beaumont espera ser recibido por el señor Marqués de... Un Criado, de andares inseguros, va encendiendo con gran parsimonia los candelabros.

GABRIEL.— *(Habla con voz poderosa luego de una larga pausa)* El señor Marqués ha debido, probablemente, de olvidarse de mi presencia. *(El criado no contesta. Silencio. Gabriel insiste en tono indiferente)* ¿Le has recordado, por favor, que estoy esperando a que me reciba *(Pausa breve)* hace ya casi una hora? *(Ante el mutismo del otro se finge ofendido)* Además, no es que sea yo particularmente el interesado en esta entrevista. El señor Marqués, él mismo *(Se detiene inseguro. Con nuevos ánimos)*, sí, el propio Marqués fue el que me citó. ¿No lo sabías? Ayer, en el entreacto de la función, me envió un mensaje: "Desearía hablar unos minutos con el señor Gabriel de Beaumont, comediante". Sin embargo, amigo mío, un actor de mi fama está siempre ocupado. Hoy tenía que leer varias obras... *(Se oyen las seis campanadas de un lejano reloj. Gabriel se siente cada vez más molesto)* Bueno, ya está bien. Me estás poniendo... nervioso. Pareces un fantasma, con tanto ir y venir de acá para allá. ¿Es que crees que va a importarme mucho si enciendes veinte o cuarenta candelabros? Te puedes ahorrar ese trabajo por mí. Me marcho. *(Se levanta)* Evidentemente, esto es una broma. Lo veo bien claro, el señor Marqués no me va a recibir hoy y yo tengo aún mucho que hacer...

CRIADO.— *(En tono neutro y sin dejar su trabajo)* El señor Marqués os ruega que le perdonéis. Estará con vos dentro de un momento.

GABRIEL.— *(Sarcástico)* ¡Vaya por Dios! Resulta que tienes lengua. Había llegado a pensar, por un momento, que no eras un ser humano, sino una estatua móvil.

CRIADO.— El señor Marqués desea que vuestra estancia en su casa os resulte placentera y que no os disguste.

GABRIEL.— *(Dudoso)* No es que me disguste... especialmente. Esta cámara resulta acogedora, pero...

CRIADO.— Con el permiso vuestro... *(Prepara una mesita baja con servicio de bebidas y copas, que saca de detrás de una de las puertas laterales y resulta ser la de un armario empotrado)* El señor Marqués me encarga que os diga que podéis disponer de todo como os venga en gana...

GABRIEL.— No me apetece nada, muchas gracias.

CRIADO.— *(Como si no hubiera oído nada)* Particularmente, yo me atrevería a aconsejaros este vino de Chipre... Se trata de un licor apreciadísimo y de un sabor exótico *(Y le sirve una copa que Gabriel se ve obligado a tomar)*

GABRIEL.— Está bien, está bien. *(Se la traga de un golpe con deseo de acabar la conversación. No puede impedir un gesto de desagrado)* Pero deberías decirle a tu amo que me sentiría aún más honrado si pudiera contar enseguida con su presencia. ¿Me has comprendido?

CRIADO.— Se lo comunicaré al señor Marqués. *(Y sigue sin moverse)*

GABRIEL.— Pero si te quedas ahí como un pasmarote no sé cómo vas a transmitirle mis palabras. *(Molesto de nuevo)* Por favor. Haz lo que ordeno.

CRIADO.— *(Le sirve otra copa)* El señor Marqués no necesita de mí para saber todo lo que pasa en el interior de este palacio. *(Pausa corta)* ¿Me aceptaríais, tal vez, otra copa de este vino, señor?

GABRIEL.— *(Secamente)* Es un vino demasiado dulce para mi gusto.

CRIADO.— *(Impersonal)* Sin embargo, el señor Marqués es muy aficionado a él...

GABRIEL.— *(Cediendo al fin y tomando la copa)* Muy bien. Pero si te crees que con esta especie de delicadezas vas a apaciguarme... *(Bebe de un trago y vuelve a dejar la copa sobre la mesita)* Ya está bebida. ¿Y ahora qué? *(Acentuando su dureza)* ¿Qué es lo que queréis más de mí todos vosotros? ¿Por qué no cumples con tu deber?

CRIADO.— *(Humilde)* Señor...

GABRIEL.— Es que no me has quitado los ojos de encima desde que entré en esta cámara. ¿Te envía el señor Marqués para espiarme?

CRIADO.— *(Escandalizado)* ¡Oh!, no, señor *(Transición)* Sólo que.. *(Como dudoso)* En el escenario parecéis más alto.

GABRIEL.— *(Sorprendido)* ¡Ah, vaya...! *(Infatuándose inconscientemente)* Muy sencillo: en el escenario, el espectador no tiene más punto de referencia que el que nosotros queremos ofrecerle...

CRIADO.— *(Suavemente)* Y vuestra voz...

GABRIEL.— *(Divertido, pese a todo)* Resulta más vibrante y más sólida... ¿No es eso? *(Didáctico)* Es lógico: al hablar aquí contigo no tengo por qué preocuparme en colocarla. No existen problemas de distancia, ni de sonoridad...

CRIADO.— *(Forzando su interés)* ¿Queréis decir que, cuando actuáis, no sois en el escenario exactamente el mismo que en la realidad?

GABRIEL.— *(Que ha ido entregándose definitivamente a la conversación)* Naturalmente que no. Otra cosa sería imposible. De ser así, nadie iba a escucharme correctamente, y tampoco conseguiría transmitir a los otros los sentimientos del personaje.

CRIADO.— Me vais a perdonar la insistencia, pero es que todo lo que se relaciona con el teatro es algo que me apasiona. Habéis hablado de los sentimientos de los personajes. ¿Habéis querido decir eso, exactamente, o tal vez os referíais a vuestros propios sentimientos, que en vuestra actuación...?

GABRIEL.— *(Cortando)* No, no... Se trata de los sentimientos de los personajes en verdad, pero en cierto modo también son los míos. *(Vuelve a sentarse sin dejar de hablar)* Quiero decir que, cuando se actúa, llega un momento en que no puede distinguirse dónde empieza y acaba la ficción...

CRIADO.— *(Anhelante)* Entonces, ¿es necesario sentir sinceramente lo que se expresa sobre el escenario?

GABRIEL.— Tú lo has dicho: se expresa aquello que se siente.

CRIADO.— Pero, por el contrario, vos mismo acabáis de afirmar que es necesario recurrir a determinadas maneras de hablar, la correcta colocación de la voz... Eso resulta convencional. Y, además, ¿cómo participar sinceramente de los sentimientos de un personaje de Racine, pongamos por caso, cuando Racine, como todos los clásicos, se expresa en verso, de una forma que, según mi pobre entender, no es nada natural y mediante un vocabulario que, por otra parte, tampoco es un vocabulario de uso corriente?...

GABRIEL.— *(Divertido)* Me has salido filósofo como el señor Diderot. *(Ríe)* No, amigo mío, tales disquisiciones no se corresponden demasiado bien con tu categoría social.

CRIADO.— Perdonadme la osadía, señor, pero las categorías sociales no dejan de ser una convención, como tantas otras cosas...

GABRIEL.— ¡Ah, no!, eso sí que no es cierto. Tu Marqués, por ejemplo, detenta un poder. Goza de un poder efectivo y real. Ese poder –y tú debes saberlo, indudablemente mejor que yo mismo– no es que sea precisamente una convención social.

CRIADO.— Sí, pero se puede pasar de la miseria al poder, o del poder a la miseria. Los estatus sociales pueden ser invertidos.

GABRIEL.— *(Sorprendido)* Desde luego, tú debes de ser uno de esos que están suscritos a escondidas a la *Enciclopedia*. Jamás había oído a un criado expresarse con semejante vocabulario.

CRIADO.— No sé por qué os extraña, señor. Vos mismo habéis conseguido un puesto en la sociedad sin ser noble. Y lo habéis conseguido gracias a vuestro propio y exclusivo esfuerzo solamente, lo cual es bien admirable...

GABRIEL.— *(Con amargura)* Un puesto en la sociedad... *(Conteniendo un malestar repentino)*

CRIADO.— *(Solícito)* Señor...

GABRIEL.— Este vino no ha debido de caerme muy bien. No tendría que haberlo tomado. Siempre pasa lo mismo... *(Transición)* ¿Mi puesto en la sociedad, decías? Mi puesto en la sociedad se mantiene muy precario. Depende de mi arte y depende también de los gustos de una época... Y, de todas maneras, mi linaje y mi profesión se me ponen delante siempre como un muro de contención, como una guardia siempre vigilante, que me dicen: eres recibido por los reyes, te sientas a las mesas de los nobles, pero nunca podrás estar a su nivel. Siempre serás un cómico.

CRIADO.— *(Emocionado)* Un cómico. La profesión más despreciada y a la vez envidiada. Todo el mundo siente la necesidad de representar alguna vez. Quiero decir en la vida real, fuera del escenario. *(Luego de una corta pausa, como decidiéndose a hacerle una gran confesión)* Yo mismo...

GABRIEL.— *(Que no se ha dado cuenta de la excitación creciente del criado)* No me extraña. El trabajo de los criados lleva inexorablemente a la mentira. Ser criado significa también actuar, representar el propio papel.

CRIADO.— *(Cortándolo rápido)* No, no es eso lo que quería decir... En realidad se trata de algo más sencillo. Yo he actuado para vos, he hecho un personaje. Y vos, a pesar de vuestra experiencia, no habéis sido capaz de descubrirlo. O sea, que mi actuación ha sido un éxito, y ello se ha debido fundamentalmente a que me he presentado ante vuestros ojos con la más completa y absoluta naturalidad...

GABRIEL.— *(Desorientado)* ¿Qué estás diciendo? No te entiendo.

CRIADO.— Sencillamente eso: yo no soy el criado del señor Marqués. *(Lentamente y sin mirarle)* Soy el señor Marqués, él mismo en persona.

GABRIEL.— *(Luego de una pausa. Inseguro, tratando de demostrar que no se ha creído la broma, que por otra parte le parece de dudoso gusto)* No seas ridículo. Eso es imposible.

CRIADO.— *(Sin dejar su tono humilde y discreto, mantenido desde el principio)* ¿Y por qué no? ¿Cuántas veces habéis visto al señor Marqués, o sea, a mí, en vuestra vida? Tres o cuatro..., cinco lo más, y siempre de lejos, con su peluca, sus trajes de gala. No... Mirad, es facilísimo; una discreta penumbra, un peinado diferente, una casaca vulgar y, sobre todo, el modo de hablar, los gestos propios de un criado. Con eso es suficiente. *(Sonríe)* ¡Y yo, pobre de mí, que creía que no iba a poder aguantar esta ficción ni un solo momento ante un profesional como vos...! ¿Pero de veras no os disteis cuenta? Mi modo de conversar, las cosas que he dicho –y no la manera de decirlas, ¿entendéis?–, la... la profundidad de mis razonamientos, la temática... Todo eso debería haber atraído vuestra atención, todo eso me delataba... Pero no... Os habéis dejado convencer solo por la forma externa... Iba vestido de criado, luego no podía ser más que un criado. Pero el vestido siempre es un disfraz...

GABRIEL.— *(Cada vez más violento)* Con disfraz o sin él, no vas a poder engañarme, si es eso lo que pretendías. Conozco bien a los de tu clase... *(Con energía)* Llamaré a tu amo y tendremos los tres una explicación...

CRIADO.— *(Muy tranquilo y con voz suavísima)* Amigo mío, no hace falta prueba alguna... Sería mejor que confiarais en mi palabra...

GABRIEL.— *(Que se ha levantado y ha ido a tirar con fuerza del cordón de la campanilla de servicio mientras el criado seguía hablando)* Calla.

CRIADO.— *(Luego de una larga pausa)* ¿Veis? Nadie os contesta. ¿Todavía dudáis de lo que digo?

GABRIEL.— *(Volviendo a tocar tristemente la campanilla, cuyos ecos parecen perderse en las lejanas cámaras)* Me niego a aceptarlo. Si nadie me escucha, iré yo mismo en su busca.

Avanza hacia un lateral, pero con la excitación momentánea se equivoca de lado y abre la puerta que corresponde al armario del que anteriormente el criado sacara las bebidas. Enfurecido, vuelve a cerrarlo y cruza la cámara en dirección a la otra puerta.

CRIADO.— Eso es un armario ropero. *(Sonríe)* Y la otra puerta, la que da al vestíbulo, está cerrada con llave...

GABRIEL.— *(Al comprobarlo, se encara con el criado)* ¿Cerrada?...

CRIADO.— Por fuera. Esas son las órdenes que he dado a mi mayordomo.

GABRIEL.— *(Gritando)* ¿Cerrada por fuera? Tú has perdido el juicio. ¡Dame la llave! *(Avanza amenazador hacia el otro)* O me das la llave o te la quito a la fuerza. ¿Me has oído?

CRIADO.— Sí, sí..., pero ya no estáis tan seguro como hace un momento... Empezáis a dudar.

GABRIEL.— *(Violento)* ¡La llave!

CRIADO.— ¡Gabriel de Beaumont! *(El cambio en la voz del criado es tan violento que Gabriel se detiene sorprendido)* Si yo soy el que os he dicho que soy y vos osáis levantar la mano contra mi persona amenazándome... *(Es tan duro el tono de sus palabras que la frase, aunque inacabada, impone un largo e impresionante silencio en la cámara)*

GABRIEL.— *(Rehaciéndose, aunque sin la convicción de antes)* Yo no os amenazo. Me estáis reteniendo aquí contra mi voluntad.

CRIADO.— Desgraciadamente, no hay testimonio que lo demuestre. *(Luego de una corta pausa y suavizando la voz)* Pero no... no pretendo imponeros nada. Solo pido que me escuchéis. *(Cruzando la estancia en dirección a la puerta del armario empotrado)* Aún no estáis convencido. No me aceptáis como un marqués, porque no voy vestido de marqués. *(Mientras hablaba, ha abierto la puerta del armario y saca una peluca, con la que sustituye la que llevaba, y una casaca lujosa que cambia por la de criado)* Pues bien, me apresuro a satisfaceros. *(Una vez vestido, cierra el armario y se gira hacia Gabriel, que le contempla boquiabierto)* ¿Qué os parece?

GABRIEL.— *(Balbuceante)* Yo... no sé..., estoy desconcertado.

MARQUÉS*.— *(Se sienta y hace un gesto conciliador a Gabriel)* Sentaos, por favor, amigo Gabriel... *(Gabriel se sienta como un autómata)* Quería hablar con vos, porque tengo que haceros una proposición referente a vuestro oficio... Por eso este juego inocente de los disfraces. Espero que me perdonéis, pero necesitaba probaros...

GABRIEL.— *(Luego de una pausa y con mucha inseguridad)* Señor Marqués... ¿Deberé llamaros así de ahora en adelante? Me perdonaréis a mí también, pues todavía tengo mis dudas. Eres tú, quiero decir, ¿sois realmente el Marqués? ¿O se trata tal vez de una nueva broma? Pero no..., soy un estúpido. Las pruebas que acabáis de

---

* A partir de este momento, denominaremos así al personaje.

darme parecen concluyentes. Sí, en efecto, sois el Marqués. Y yo debiera haberlo adivinado desde el principio... *(Las convenciones sociales se van imponiendo paulatinamente)* Verdaderamente, me habéis impresionado... Y temo ahora no haberme comportado con la debida conveniencia desde un principio. Pero tenéis que comprenderme, nunca podía llegar a sospechar que..., vamos, quiero decir... Si os he faltado en algo...

MARQUÉS.— *(Amablemente)* ¡Oh!, no... Cada cual actúa con los otros según lo que cree que son ellos y según el puesto que uno mismo cree ocupar –u ocupa realmente– dentro de la sociedad. ¿Estamos? Por eso, ahora que ya sabéis que yo soy el Marqués, abandonáis vuestro tono de suficiencia..., ese tono dominante, seguro, con que os dirigíais al criado. Ya no me habláis de tú, sino de vos. Ahora mismo, tal vez sin daros cuenta, comienza vuestra actuación.

GABRIEL.— *(Exagerando las protestas)* Señor... Insinuáis que... ¡Oh!, ¿cómo vais a dudar de mi sinceridad?

MARQUÉS.— Si no dudo, amigo mío. Simplemente señalo un hecho del que quizás ni vos mismo llegáis a tener conciencia. *(Pausa corta)* En la vida real, como intentaba deciros antes, actuamos..., todos, siempre. Esta actuación cotidiana es, por otra parte, totalmente necesaria para la supervivencia del *estatus social*. Incluso para nuestra supervivencia como individuos. ¡Ah!, si tomáramos al pie de la letra las teorías de *monsieur* Rousseau, este mundo sería un infierno. *(Habla con una cierta delectación morbosa)* El buen salvaje. *(Pausa. Sonríe)* No... El hombre en su estado natural no es precisamente bueno. Se manifiesta como un ser auténtico, eso sí, pero tal autenticidad, esa sinceridad, amigo Gabriel, nos mostraría lo que somos realmente. Y somos peores que las más terribles fieras de la selva. Os lo digo yo, que lo sé...

GABRIEL.— Sin embargo, señor Marqués, en este siglo nuestro, tan ilustrado, entre nuestros civilizados contemporáneos... se han dado casos de extrema crueldad..., de personas que, entregadas a sus más primarios instintos...

MARQUÉS.— Claro que sí... Pero cuando yo hablaba del infierno en la tierra no lo decía en tono de repulsa... moral, ni de piadosa condena. Constataba objetivamente un hecho por el que siento, además, una cierta admiración... digamos que estética.

GABRIEL.— *(Sorprendido)* Entonces, señor Marqués, no os comprendo. ¿Cómo la transgresión puede tener... belleza?

MARQUÉS.— ¡Oh!, vamos... *(Algo decepcionado)* ¿No lo creéis así vos también? Me sorprende... Realmente, cuando interpretáis personajes depravados o asesinos, ¿no sentís en el fondo de vuestra alma una cierta envidia? Quiero decir... que durante un tiempo abandonáis la piel de las convenciones sociales, de las normas establecidas... Dejáis de ser como es debido.

GABRIEL.— *(Con mucha seriedad)* Pero es ficción...

MARQUÉS.— *(Sonriendo de nuevo)* ¡Oh, sí!, ficción... Claro. Me había olvidado. *(Pausa larga, se levanta, va a un mueble, abre el cajón y saca un libro)* Os he llamado porque quiero que representéis una obra mía.

GABRIEL.— ¿Una obra? ¿Escribís, señor Marqués? *(Lo ha dicho muy sorprendido para resultar convincente y el Marqués le observa con curiosidad)*

MARQUÉS.— He hecho una prueba. *(Acercándose a él)* Gabriel, estoy muy interesado en que vos la estrenéis. Yo me haré cargo de todos los gastos. Si aceptáis, recibiréis una buena recompensa...

GABRIEL.— Es mi profesión. *(Pausa)* ¿Me permitís leerla?

MARQUÉS.— Sí, pero... *(Se detiene de pronto sin entregarle el libro)* He de advertiros antes que mi obra no se parece mucho a las que vos representáis. No puedo aseguraros un gran éxito.

GABRIEL.— No os comprendo. El autor que escribe una obra siempre espera un éxito.

MARQUÉS.— A mí no me preocupan demasiado las opiniones mundanas... *(Pausa)* No, amigo Gabriel. Mi obra es una investigación. En ella quiero comprobar –y al mismo tiempo demostrar– mis propias teorías. *Monsieur* Diderot dice, de modo absoluto, que el mejor actor es aquel que permanece lo más alejado posible de su personaje. El teatro es ficción, y como tal ficción la forma más adecuada de llevarla al espectador es justamente fingir de una manera cerebral. Por vuestra parte, vos os contradecís en este mismo punto. Dijisteis que la emoción os domina al representar, que vuestra personalidad se confunde con la del personaje, pero a la vez reconocéis que tal identificación no es completa, ya que son necesarias determinadas técnicas: colocación de la voz, movimientos, etcétera. Yo, por mi parte, quiero defender las posiciones contrarias: las mejores actuaciones serán aquellas en las que el actor ES el personaje, lo vive en toda su intensidad, hasta perder incluso la conciencia de su propia individualidad. El teatro no tiene que ser ficción, ni arte, ni técnica... El teatro tiene que ser sentimiento, emoción y, por encima de cualquier otra cosa, el placer de transgredir las normas establecidas... Hemos de poner en el escenario todas nuestras miserias, nuestras angustias, nuestros inconfesables deseos, nuestros temores, Gabriel, nuestra verdad... Todo aquello que no deseamos reconocer, ni aceptar en nuestra existencia cotidiana, eso es lo que a mí me interesa... Y quiero hombres como vos, amigo mío..., hombres valientes e imaginativos, que estén dispuestos a llevarlo a término.

> *Gabriel, vencido por un cansancio súbito, se ha quedado dormido. El Marqués, excitado progresivamente en su declamación, se da cuenta y se detiene. Muy suavemente y sin muestra alguna de reconvención, se acerca a Gabriel y le habla casi rozándole la oreja.*

No me escucháis.

GABRIEL.— *(Se despierta agitado)* Señor...

MARQUÉS.— *(Con un extraño afecto que aumenta la turbación de Gabriel)* Os habíais dormido, Gabriel, y no me escuchabais...

GABRIEL.— *(Avergonzado y tratando de justificarse)* Señor Marqués..,
yo... yo no sé cómo ha podido pasarme una cosa así... Hace un
rato que siento apoderarse de mi cerebro una especie de extraña
lasitud... Pero no... no es nada... Ya me siento mejor... Las consecuencias del exceso de trabajo, simplemente. Cansancio momen-
táneo, nada más...

MARQUÉS.— *(Muy interesado)* ¡Ah!, os sentís cansado. *(Observa su
reloj)* Entonces habrá que darse prisa, amigo mío. No nos queda
mucho tiempo. *(Al hacer Gabriel el gesto de ir a coger la copa de vino
que había dejado antes sobre la mesita)* No, no bebáis de ese vino...
ahora. Aumentará vuestra pesadez y necesito que os sintáis muy
lúcido. *(Le sirve otra copa de botella distinta, que ofrece a Gabriel,
quien se la bebe con ansia. En tono natural)* De cualquier manera, no
debéis preocuparos. Se trata de un cansancio pasajero y pronto
os sentiréis mejor. Vamos a hacer una prueba.

GABRIEL.—. ¿Una prueba? *(Molesto y herido en su orgullo profesional)*
¿O sea, que no confiáis en mi capacidad..., en mi experiencia?
¿Acaso creéis que soy un principiante?

MARQUÉS.— *(Melifluo)* ¡Oh, no, por favor! No vayáis a interpretar-
me equivocadamente. No me refiero a vos, sino a mi obra.

GABRIEL.— *(Sin abandonar el tono anterior)* No os comprendo.

MARQUÉS.— Ya os he dicho que esta obra no es en modo alguno
como esas otras que vienen a satisfacer los gustos decadentes de
nuestra época. *(Dudando)* Yo la he leído a menudo, incluso en
alta voz, pero eso nunca es suficiente. Hay que escucharla desde
fuera, saliendo de vuestros labios..., encarnándose en vuestra
persona...

*El Marqués descorre las cortinas de la gran arcada que forma el
chaflán del foro y queda al descubierto una especie de ábside con
ventanitas enrejadas y sin puerta alguna. Los muros son de piedra
basta. Parece un decorado "de teatro" para una prisión medieval.*

En el centro de este espacio, y como único mobiliario, hay un sillón con respaldo y brazos, de piedra también, que recuerda un trono regio.

Mirad..., os tengo preparado el escenario idóneo.

GABRIEL.— Pero ¡yo no puedo! No puedo interpretar así para vos, sin conocer la obra..., sin ensayarla... Tendría que leerla antes e intentar comprender la acción, a los personajes...

Como el Marqués no le contesta, porque está encendiendo las luces del escenario, Gabriel, progresivamente nervioso, se acerca al proscenio del pequeño teatro.

Explicadme al menos de qué se trata: el tema, la situación, el argumento..., algo...

MARQUÉS.— *(Sin dejar su tarea)* ¿Creéis que eso tiene realmente importancia? *(Girándose y abandonando su trabajo hasta quedar frente a Gabriel. Con voz suave)* Está bien. Es una adaptación libre de la vida de Sócrates, según la apología de Jenofonte. Pero, no sé cómo decirlo, la historia no me interesa mucho. Podría haber escrito sobre cualquier otro personaje, o sobre cualquier otra situación que se me hubiera ocurrido.

GABRIEL.— Pero Sócrates...

MARQUÉS.— *(Bajando del escenario)* Sócrates es un pretexto, amigo Gabriel. En realidad, no se trata de su vida, sino de su muerte. El proceso de su muerte, *(insistiéndole)* eso es lo que he querido estudiar.

GABRIEL.— *(Con cierto escepticismo)* ¿Su muerte? Entonces, la sicología... Todos los hechos históricos que conocemos...

MARQUÉS.— *(Satisfecho)* Vos lo habéis dicho: que conocemos. Así que, si ya los conocemos, se pueden dejar a un lado. *(Sonríe)* Y eso de la sicología, ¡bah!, no son más que entelequias filosóficas. No. Lo único que no sabemos de Sócrates –ni de tantos otros

personajes– es precisamente eso, su muerte. No me refiero al hecho
de que murieran, naturalmente, ni al modo como murieron –al
modo, no a la causa, ¿entendéis?–, sino su muerte, su propia muerte, el proceso de su muerte, repito... Morir con ellos... No verlos
cómo se mueren, sino sentir con ellos su muerte..., y nuestra propia muerte...

GABRIEL.— *(Impresionado)* Otra vez eso de sentir...

MARQUÉS.— Sí, sí, sentir. Sentir, Gabriel. Sentir sin retóricas. Participar de alguna manera en sus angustias, constatar en nuestra
carne, percibir en la inteligencia, paso a paso, etapa por etapa, el
inexorable avance de la destrucción.

GABRIEL.— Acompañar al condenado hasta el patíbulo, ¿es eso?

MARQUÉS.— No únicamente eso. Si nos fuera posible, por alguna
suerte de encanto mimético, penetrar en su interioridad y verlos
sin dejar de ser a la vez nosotros mismos..., ¡qué placer entonces,
qué placer tan sublime! ¡Qué placer del conocimiento y cómo
este placer se comunicaría hasta extenderse por todos los rinco-
nes y las fibras más alejadas de nuestro mísero cuerpo! Qué placer, amigo Gabriel, en una época de racionalismo y de estupidez
como es esta nuestra. *(Ríe)* Pero ya veis... No paro de hablar...
Las palabras, ¡ah, las palabras me pierden! *(Consulta de nuevo el
reloj)* Estoy gozando antes de tiempo de unas emociones que, por
lo visto, no puedo provocar siquiera en vos... *(Pausa y con aparen-
te indiferencia)* No me habéis dicho aún si aceptáis mi juego...

GABRIEL.— *(Acabando por ceder a las extravagancias del otro con cierto
cansancio)* No llego a entenderos, señor, pero si eso os ha de hacer
feliz, me siento dispuesto a representar para vos solo el fragmento de la obra que me ordenéis. Decidme, pues, el que queréis que
haga. *(Sube al escenario)* Os advierto, sin embargo, que sin ningún
tipo de preparación no creo que pueda conseguir, de entrada, unos
resultados demasiado favorables, pero ya que insistís...

MARQUÉS.— ¡Oh, sí, insisto, Gabriel..., insisto...! *(Sube él también con rapidez al escenario observando todo con gran atención)* Esperad. *(Satisfecho luego del examen)* Sí, sí, todo está bien. *(Baja del escenario, coge el libro, lo abre por la página correspondiente y se acerca al proscenio para dárselo a Gabriel)* Me interesa particularmente esta escena.

GABRIEL.— *(Desde el escenario y luego de pasar la vista rápidamente por la página del libro)* La muerte.

MARQUÉS.— Exacto.

GABRIEL.— Pero los demás personajes...

MARQUÉS.— Podemos prescindir de ellos.

GABRIEL.— De acuerdo. *(Se dirige al trono de piedra)*

MARQUÉS.— No os mováis del asiento. Estáis ya sin fuerzas.

GABRIEL.— *(Sentándose)* ¿Sentado siempre?

MARQUÉS.— Sí.

GABRIEL.— Pero eso me va a impedir componer algunas actitudes trágicas, digamos...

MARQUÉS.— Olvidaos de eso. Se supone que estáis agonizando.

GABRIEL.— Ya. *(Luego de una pausa)* Pero...

MARQUÉS.— ¿Por qué no empezáis?

GABRIEL.— Estaba preguntándome...

MARQUÉS.— No es momento ahora. *(Corrigiéndose)* ¡Oh...! *(Vuelve a la cortesía)* ¿Qué decíais?

GABRIEL.— Si tanto os obsesiona la realidad *(Con un tono de escondido sarcasmo)*, ¿no os extraña que no vaya vestido a la griega?

MARQUÉS.— *(Inconscientemente)* No. Precisamente es necesario que... *(Deteniéndose de pronto, como sorprendido por sus propias palabras)* No, por ahora no... *(Transición a un tono ligero)* Después os lo explicaré. Ahora no me ibais a entender *(Sonriendo)* o no me creeríais...

GABRIEL.— *(Que evidentemente no entiende lo que el otro quiere decirle)* ¡Ah...! *(Pausa larga, dudando)* Entonces..., ¿vestido así?

MARQUÉS.— Sí, es absolutamente indispensable hacerlo así.

GABRIEL.— Bien. Sois vos el que dirige esta representación.

MARQUÉS.— *(Suave)* Sí, amigo Gabriel, soy yo, efectivamente, el que dirige.

GABRIEL.— De acuerdo. ¿Me concederéis al menos unos segundos para entrar en situación?

MARQUÉS.— Esperaré lo que haga falta.

GABRIEL.— Gracias. *(Lee con rapidez y con gran atención la página del libro que le dio el Marqués. Largo silencio. De pronto empieza a declamar con cierta afectación)* "Decidme, amigos... Decidme vosotros, los que me acompañáis en esta terrible hora..., qué es lo que esperáis de mí, qué actitud es la que me pide la Historia que adopte en esta mi muerte. Una actitud heroica y un rostro pleno de serenidad. Una ejemplar imagen... Pero la Historia lo ignora todo sobre la muerte, sobre las muertes de los individuos... La Historia desprecia los casos aislados. Generaliza. No quiere saber de síntomas, de procesos vitales... Solo le interesan los resultados. ¿Y yo? ¿Qué es lo que soy yo dentro de ese mecanismo? Un mito solamente. Y los mitos no pueden gritar. *(Pausa. El Marqués, de forma inconsciente, empieza a negar suavemente con la cabeza, pero Gabriel, que va a poco metiéndose en escena, no llega a darse cuenta)*

Pero los que mueren son los hombres. Y los hombres mueren entre dolores, entre convulsiones, entre gritos..., mueren de un modo miserable..., ensucian las sábanas con vómitos de sangre y excrementos... Y tienen miedo..., sobre todo, eso..., tienen miedo..., un miedo espantoso..., no un temor religioso a lo que venga detrás..., no..., es un terror innominado..., el concreto terror a la concreta muerte de cada uno... Porque la muerte es la consagración, es la gran ceremonia del terror..., ¿lo comprendéis?".

MARQUÉS.— *(Repentinamente y con voz de indiferencia)* No.

GABRIEL.— *(Sorprendido, interrumpe la actuación. Inseguro, no sabe qué decir)* ¿Cómo?

MARQUÉS.— He dicho que no, sencillamente. Que no lo entiendo. O al menos que no lo entiendo tal como vos lo hacéis.

GABRIEL.— *(Alzándose del trono, conteniendo su cólera y muy despacio)* ¿Así que mi actuación no os gusta?

MARQUÉS.— Lo que quiero decir es que vuestro modo de actuar no llega a transmitir lo que le sucede al personaje. *(Convincente)* ¿Cómo se va a comprender cuando no se puede sentir?

GABRIEL.— *(Muy frío)* Vuestra opinión sobre mi capacidad artística, señor Marqués, parece un poco particular y se contradice prácticamente con la de la inmensa mayoría del público de París. Y al hablar del público, me refiero, como es natural, a los entendidos también, *(Remarcando las palabras)* tan entendidos y tan cultos como podáis serlo vos.

MARQUÉS.— *(En tono conciliador)* Por favor, Gabriel..., escuchadme...

GABRIEL.— *(Fuera de sí y bajando del pequeño escenario)* ¿O sea, que me habéis traído a vuestra casa y me habéis hecho representar esta pantomima para dejarme en ridículo? Perdonadme, pues, pero me niego a participar por más tiempo en vuestro juego. No me gusta que me insulten, y el dudar de mi arte es como si me insultan, lo mismo que supondría para vos que dudaran de vuestra nobleza.

MARQUÉS.— *(Sin levantar la voz)* No me queréis entender. Mi obra no es como las demás.

GABRIEL.— *(Despectivo)* De eso ya me he dado cuenta, aunque no veo qué relación pueda haber entre una cosa y la otra...

MARQUÉS.— Una relación bien evidente: un estilo distinto obliga a un estilo nuevo para representarla.

GABRIEL.— *(Con superioridad)* ¡Ah, claro...! No os basta con el hecho de entrar a saco en el campo de la poesía dramática, sino que también vais a darme lecciones en mi oficio.

MARQUÉS.— *(Con paciencia)* Lo que yo quiero decir, simplemente, es que vos no podéis interpretar correctamente lo que nunca habéis experimentado. Lo que no habéis experimentado de modo directo y personal. Porque vos no os habéis estado muriendo nunca de verdad.

GABRIEL.— *(Con sarcasmo mal contenido)* Si me hubiera estado muriendo, me habría muerto, y ahora no podría hacer teatro. *(Sorprendido de su propio razonamiento)* Vais a acabar por hacerme decir tonterías. *(Trata de explicarse)* Si fuera así cada vez que un actor representa la muerte de un personaje... *(Se detiene dudando entre indignarse más o soltar la carcajada)* Vamos, por favor... ¿Me habéis tomado por un imbécil? Los muertos en el escenario cada noche resucitan al acabar la función. Las obras de teatro se repiten así un día y otro...

MARQUÉS.— *(Como pensando en voz alta)* Pero nunca será idéntica una representación a la otra..., siempre habrá... pequeñas diferencias...

GABRIEL.— Vos lo decís: pequeñas diferencias, nada más.

MARQUÉS.— *(Animándose progresivamente conforme habla)* Pero lo que yo quiero es hacer de mi obra un ejemplar único. Del mismo modo que son ejemplares únicos mis cuadros..., mis muebles, mis trajes... *(Pasea excitado por la cámara)* y los libros... *(Señala algunos ejemplares dispuestos entre dos figurillas clásicas)* Mis libros también. Ediciones únicas, hechas de encargo para mí, con los textos preferidos...

GABRIEL.— *(Sin comprender)* Pero eso no es posible en el teatro. Con el texto de la obra, tal vez. Pero en la representación...

MARQUÉS.— *(Rápido)* La representación también. Eso es justamente lo que me importa, la representación, Gabriel...

GABRIEL.— Entonces, ¿cómo ibais a guardarla? *(Divertido)* Una representación teatral no se puede enmarcar como un cuadro ni colocarla en un estante...

MARQUÉS.— Quiero guardarla aquí... *(Señala su frente)* En la memoria...

GABRIEL.— *(Se vuelve de espaldas)* Tratándose de un capricho...

MARQUÉS.— *(Con voz solemne)* No es un capricho, sino una necesidad.

GABRIEL.— *(Luego de una pausa y con tono de forzada indiferencia, a la vez que se dispone a bajar del escenario)* Muy bien... Lo siento. Creo que yo no soy la persona indicada para satisfaceros. Tendréis que buscar otro actor capaz de conseguir el realismo que vos pretendéis. Aunque, si me permitís decirlo, dudo mucho que encontréis a alguno. Todos proceden, al fin y al cabo, de la misma escuela.

MARQUÉS.— Pero yo no necesito a nadie más que a vos...

GABRIEL.— *(Desconcertado)* Pero si decíais que...

MARQUÉS.— *(Molesto)* Pero si es que no me dejáis acabar... No me dejáis acabar y casi nos hemos olvidado los dos del paso del tiempo... *(Como hablando para sí)* El paso del tiempo... Eso puede resultar muy peligroso.

GABRIEL.— ¿Peligroso? ¿Por qué razón?... No os entiendo.

MARQUÉS.— ¡Oh!, ¿cómo vais a entenderme? Cada vez que yo intento entrar en materia, vos desviáis la dirección de mis pensamientos con vuestras disquisiciones académicas... Y en este caso concreto, amigo mío, completamente superfluas.

Gabriel, de pronto, parece incapaz de mantener el equilibrio. Se lleva las manos a la cabeza y ahoga un gemido. El Marqués le observa preocupado.

¿Qué os sucede? ¿Acaso no os encontráis bien?

GABRIEL.— Estoy mareado. Siento vértigo... Es raro... Es como si mis piernas se negaran a sostenerme. Con vuestro permiso, me siento, tengo que sentarme un momento...

Avanza torpemente hacia el trono y se sienta sin que el Marqués se conmueva ni haga intención de ayudarle.

Me tendréis que perdonar..., pero me resulta muy difícil... concentrarme... Debéis perdonarme, sí. No puedo... no puedo seguir vuestros razonamientos... Con sinceridad..., no recuerdo..., no sé de qué me estabais hablando... Lo he olvidado... De veras..., yo..., ahora..., incluso desconozco los motivos... de este agotamiento... inesperado...

MARQUÉS.— *(Con voz tranquila luego de una breve pausa)* ¿Los motivos? Los motivos son bien sencillos, Gabriel... Los motivos están en ese vino de Chipre y en el reloj...

GABRIEL.— ¿El... vino?

MARQUÉS.— *(Impacientándose)* ¡Oh...! ¿Tendré que explicaros todo con pelos y señales como si fuerais un alumno de primer curso? He querido probaros, Gabriel, hacer una experiencia con vos.

GABRIEL.— *(Comienza a reaccionar con cierto miedo)* ¿Una experiencia artística? ¿Es eso lo que queréis decir?

MARQUÉS.— ¡Oh!, no, claro que no. Una experiencia fisiológica... aplicada a la técnica del actor.

GABRIEL.— Fisiológica... *(Comprende súbitamente. Aterrado, pero sin fuerzas suficientes para levantarse del asiento)* El vino. Eso es... ¡Oh, no! No. Dios mío, no. ¡Cómo habéis sido capaz de hacerlo!

MARQUÉS.— *(Enérgico)* Porque necesito saber.

GABRIEL.— *(Presa del pánico, gritando)* ¿Saber? Esto es lo que tenéis que saber: sois un asesino.

MARQUÉS.— *(Dignamente)* No soy un asesino. Soy un científico. La estética no es más que una ficción y yo no puedo soportar lo que no es verídico. Lo único que me interesa es el comportamiento del ser humano. Los seres humanos son cosas reales, cosas vivas, y su estudio produce en mí mucho más placer que todas vuestras obras de teatro y todas vuestras sinfonías.

GABRIEL.— Estáis loco. Sois un monstruo.

MARQUÉS.— ¿Lo veis? Vuestro comportamiento hacia mí cambia. Ahora sí. Ahora sí que estáis asustado. Ahora sí que tenéis miedo, y un miedo auténtico. Sabéis que vais a morir. Que solo os quedan unos pocos minutos de vida... Oh, qué ocasión tan excepcional para llevar a término mi experiencia. Vais a morir del mismo modo que mi personaje. La ficción se retira vencida por la realidad. Ya no hay dos visiones del mundo, ni de las cosas. Una visión solo, una única visión: la verdad, la verdad por encima de todos los sentimientos y de todas las convenciones sociales. La verdad, Gabriel, y eso vale por toda una vida.

GABRIEL.— *(Ha conseguido ponerse en pie con dificultad y avanza unos pasos hacia la batería. Con voz ronca y totalmente descontrolado)* Si es que voy a morir yo, antes os mataré a vos también. Consumiré en ese acto mis últimas fuerzas. Me vengaré...

MARQUÉS.— *(Autoritario y sin dar un paso atrás)* Esperad, Gabriel. Deteneos... Os propongo... un pacto...

GABRIEL.— *(Indeciso aunque sin dejar de avanzar)* No queda tiempo. Ya no hay tiempo para eso...

MARQUÉS.— Sí, lo hay. *(Consultando el reloj)* Ocho minutos exactamente.

GABRIEL.— *(Deteniéndose por fin sin llegar a bajar del escenario)* ¿Cómo decís?

MARQUÉS.— La droga se está apoderando poco a poco de vuestro cuerpo..., de vuestros movimientos..., pero aún podréis mantener algunos momentos vuestra mente lúcida... *(Pausa corta. Con energía)* ¿Queréis salvar vuestra vida, verdad? Pues bien. Eso dependerá solo de vuestro ingenio... *(Saca un pequeño frasco del bolsillo y se lo enseña)* ¿Veis este frasco? Es el antídoto.

GABRIEL.— *(Nuevamente amenazador)* Dádmelo... Si no me lo dais, os mataré.

MARQUÉS.— *(Tranquilamente)* Si os atrevéis a bajar del escenario, estrellaré el frasco contra el suelo.

GABRIEL.— *(Tras un largo silencio, queda sin voluntad, se deja caer al suelo vencido, llorando y presa de un ataque de histeria)* ¡Oh, no! No... Yo... yo no quiero morir... Os estaba engañando... No quiero morir...

MARQUÉS.— *(Impasible y como si tratara de un negocio sin importancia)* Dejad de llorar y escuchadme. ¿Vais a aceptar mis condiciones?

(Gabriel contiene las lágrimas y, sin levantarse del suelo, asiente humildemente con la cabeza) Pues bien: volveréis a representar para mí.

GABRIEL.— *(Llorando de nuevo cobardemente)* Representar... ¡Oh, no! Yo... no podría...

MARQUÉS.— *(Inflexible)* Tendréis que poder...

GABRIEL.— Aunque así fuera, mi actuación sería..., oh, sería... *(Contiene las lágrimas)* muy mala...

MARQUÉS.— Será vuestra mejor actuación, Gabriel. Si no me gusta –¿me escucháis?–, si a mí no me gusta..., no os daré el antídoto.

GABRIEL.— *(Descubriendo en las palabras del Marqués como la última esperanza del condenado a muerte)* ¿Me lo juráis? Quiero decir, ¿me juráis..., me juráis que en el caso de llegar a...?

MARQUÉS.— *(Subrayándolo)* Mi palabra de honor *(Pausa corta. Vuelve a mirar el reloj)* Os quedan seis minutos, Gabriel. Una actuación de seis minutos a cambio de vuestra vida. Y si conseguís salvarla, podéis estar seguro de que pagaré por ella mucho más que todo lo que ganasteis a lo largo de vuestra carrera. Pero ya tenéis que apresuraros. Haced un esfuerzo para concentraros y disponeos a empezar inmediatamente.

Abre el cajón de la mesita y saca un pequeño reloj de arena que coloca al lado del frasco de antídoto.

Cuando toda esta arena haya pasado al recipiente de abajo, terminará la representación y sabréis vos mismo si superasteis satisfactoriamente la prueba.

Se sienta en una butaca junto a la mesita donde ha depositado el reloj y el frasco.

Estoy dispuesto.

Gabriel, luego de una pausa, se alza del suelo y con paso vacilante se dirige de nuevo hacia el trono. Se sienta, coge el libro y lo observa por la hoja que está abierto, con expresión indescifrable. Al fin, Gabriel hace un gesto de asentimiento con la cabeza al Marqués, aunque sin mirarle a la cara. Este, en tono solemne, dictamina:

Empieza la representación.

Entonces el Marqués, lentamente y con gestos ceremoniales, da la vuelta al reloj para que empiece a caer la arena. Gabriel, como impulsado por un resorte, da principio, a la vez, a su representación.

GABRIEL.— *(Pese a su estado físico, se nota claramente que hace un gran esfuerzo de voluntad para superarse. Los nervios en tensión, se concentra en su papel tratando de matizar cada parlamento, cada palabra, dando sentido a cada movimiento de los brazos y del cuerpo. Incluso los gestos más mínimos e insignificantes están animados de un deseo salvaje de trascender las miserias presentes del actor para elevarlas a la categoría de gran rito del sacrificio ofrendado a las implacables categorías de una suprema belleza sin afectación. Al actuar contra sí mismo, contra su propia naturaleza, contra sus convicciones y su experiencia artística, Gabriel se entregará en cuerpo y alma a la búsqueda de vibrantes entonaciones, llenas al mismo tiempo de humildad, y completamente alejadas del estilo retórico con que inició en su primera lectura el fragmento de la obra. Habla muy lentamente, escuchando los silencios, dejándose arrastrar por su propio ritmo vital, maravillosamente compenetrado con su personaje. El Marqués, anhelante, contiene la respiración, observando con avidez el rostro del actor. Gruesas gotas de sudor comienzan a empapar la frente de los dos hombres. Cada pausa, cada palabra nueva, acumula en las paredes, en los muebles, resonantes ritmos misteriosos, de presentimientos de muerte y esperanza)* "Decidme, amigos... Decidme vosotros, los que me acompañáis en esta terrible hora..., qué es lo que esperáis de mí, qué actitud es la que me pide la Historia que adopte... en esta mi muerte. Una actitud heroica y un rostro pleno de serenidad. Una ejemplar imagen... Pero la Historia lo ignora todo sobre la muerte, sobre las

muertes de los individuos... La Historia desprecia los casos aislados. Generaliza. No quiere saber de síntomas, de procesos vitales... Solo le interesan los resultados. ¿Y yo? ¿Qué es lo que soy
yo dentro de ese mecanismo? Un mito solamente. Y los mitos no
pueden gritar. Pero los que mueren son los hombres. Y los hombres mueren entre dolores, entre convulsiones, entre gritos..., mueren de un modo miserable..., ensucian las sábanas con vómitos
de sangre y excrementos... Y tienen miedo..., sobre todo, eso...,
tienen miedo..., un miedo espantoso..., no un temor religioso a lo
que venga detrás..., no..., es un terror innominado..., el concreto
terror a la concreta muerte de cada uno... Porque la muerte es la
consagración, es la gran ceremonia del terror..., ¿lo comprendéis?".

*Al llegar aquí Gabriel se detiene. Justamente es el mismo punto en
que le interrumpió la vez primera el Marqués. Gabriel, que ha visto
con pánico cómo se acercaba la réplica fatal, se siente incapaz de
continuar. Las consecuencias del gran esfuerzo hecho para domi-
narse y actuar sin denotar su estado empiezan a manifestarse de
modo inexorable.*

MARQUÉS.— *(Luego de un largo silencio, ante la mirada interrogativa y
angustiada de Gabriel, comprendiendo que su resistencia ha llegado al
límite)* **No hace falta que sigáis.** *(Pausa. Gabriel no se atreve a decir
nada. Teme preguntar. El Marqués prolonga la tensión del momento
hablando con gran lentitud)* **Aún no ha caído toda la arena...**

Coge el reloj y lo deja en posición horizontal sobre la mesa.

Pero es suficiente.

*Se levanta, coge el frasco del antídoto y muy lentamente se dirige a
la mesita en la que está el servicio de bebidas. Oculta con su cuerpo las acciones que lleva a cabo. Ha preparado una copa de vino y
con ella en la mano, pausadamente, se acerca al escenario. Gabriel
sigue sus movimientos con la mirada llena de avidez y, al mismo
tiempo, de pánico. El silencio es total. El Marqués sube al escenario.*

Se acerca a Gabriel y le da la copa. Gabriel no dice nada. Ni se mueve. Alarga el brazo y la coge con mano trémula. Se lleva la copa a los labios. Bebe. Suspira entrecortadamente y cierra los ojos. El Marqués le coge la copa y se retira lentamente en dirección a la batería. El cuerpo de Gabriel empieza a convulsionarse rítmicamente. Está llorando, son gemidos ahogados, suaves como los de una criatura. El Marqués baja del escenario y se queda contemplando a Gabriel con afecto.

No lloréis. Es indigno de un hombre como vos.

GABRIEL.— *(Sin mirarlo y sin poder contener las lágrimas)* No puedo... no puedo... evitarlo... Lloro de alegría...

MARQUÉS.— *(Dulcemente)* Entonces, me descubro ante vuestro valor.

Avanza hacia el lateral del escenario, donde ha descorrido una cortina, y aprieta una moldura de la pared. Suavemente y sin ruido empieza a bajar de lo alto una gran reja, que en solo unos segundos llega hasta el suelo cerrando completamente la boca del pequeño escenario.

Sí, sois valiente, Gabriel. Más valiente de lo que me imaginaba. Porque habéis jugado contra mí, porque os habéis arriesgado a jugar contra mí, Gabriel, y habéis perdido la partida, y aceptáis con alegría la derrota.

GABRIEL.— *(Alzando la cabeza lentamente y descubriendo la reja. Sin mover un músculo, destrozado, deshecho por la tensión nerviosa e incapaz de elevar ya la voz)* He... perdido... Vos... vos dijisteis que... Comprometisteis vuestra palabra...

MARQUÉS.— *(Volviendo a su butaca. Antes de tomar asiento, girándose hacia Gabriel)* Y la mantengo. No he dicho que vuestra actuación me haya gustado.

GABRIEL.— Pero vos... ¡Oh, no...! Acabáis de darme... el antídoto...

MARQUÉS.— *(Saca del bolsillo el frasquito intacto y se lo enseña a Gabriel. Tranquilamente)* No os he dado ningún antídoto, Gabriel. Al contrario. Os acabo de envenenar.

GABRIEL.— *(Incapaz de reaccionar y en voz baja)* Pero... el vino...

MARQUÉS.— Nunca os he dicho que aquel vino –el primero que bebisteis al llegar a esta casa– estuviera emponzoñado. No... Recordad lo bien... Eso fue suposición vuestra ante ciertos síntomas. *(Se sienta en la butaca)* Era solo una ligera droga. Una droga inofensiva, que produce cansancio y dificulta las reacciones corporales. *(Sonríe)* Tenía que protegerme de una posible actuación violenta por vuestra parte. *(Pausa corta. Enseñándole de nuevo el frasquito)* Si hubierais tomado el antídoto, todos esos síntomas que os digo habrían desaparecido en un minuto tan solo. Eso es fisiología, Gabriel. Sois vos únicamente, solo vos, vuestra imaginación, en una palabra, la que ha creado toda esa ficción visceral de la agonía. El único veneno verdadero, el único veneno mortífero y contra el que, os lo juro, no hay antídoto alguno, es el que acabáis de tomar ahora mismo. *(Vuelve a sonreír y con suavidad)* ¿Veis? En eso tampoco os he engañado. *(Mirando el reloj)* Os dije antes que os quedaban unos pocos minutos de vida y eso también era cierto. La diferencia estriba en que vos creíais que el veneno estaba ya ingerido y aquellos minutos eran los que faltaban para que hiciera su efecto. Por el contrario, yo intentaba explicaros que lo que se decidía al término de ese tiempo, al final de la prueba, era sencillamente vuestra vida o vuestra muerte, Gabriel. *(Guarda un reloj de bolsillo)* Vuestro tiempo está acabado y ya no podéis decidir sobre vuestra existencia, ni sobre vuestros actos. La muerte os esclaviza, os ha encerrado en su fortaleza... y se ha preocupado de asegurar bien las puertas.

GABRIEL.— *(Articulando trabajosamente)* La reja... ¿por qué motivo...?

MARQUÉS.— Porque de ahora en adelante el curso de vuestra agonía se vuelve peligroso. *(Se levanta y se acerca al escenario)* Y quiero poder contemplarlo tranquilamente sin tener que preocuparme por mi seguridad.

GABRIEL.— *(Agarrándose a una fútil última esperanza)* ¿Contemplar la muerte de un ser humano?... No..., eso no es posible... No habéis podido hacer una cosa así... Me estáis engañando de nuevo... Es un juego..., una nueva mentira. *(Intenta reír con el rostro crispado por un gesto trágico)* Queréis asustarme, nada más... Os gusta hacerme sufrir, ¿no es verdad? *(La voz acaba por traicionarlo. Llorando ya sin aliento, ahogándose y agotado)* Decídmelo, por favor... Decidme que no es verdad..., decidme que estoy soñando...

MARQUÉS.— *(Sin inmutarse)* No, Gabriel..., no soñáis. Desgraciadamente para vos y afortunadamente para mí. Os dije que quería conseguir de vos una actuación única. Tal vez, sin embargo, no empleé las palabras justas. No es una representación lo que vais a ofrecerme. Es una realidad. ¿Lo entendéis? La única manera de mostrar satisfactoriamente la propia muerte –os lo dije antes en broma– es precisamente esta..., muriendo de verdad...

GABRIEL.— Yo... antes... representaba... representaba el miedo... Estaba aterrado..., creía estar muriendo.

MARQUÉS.— ¡Oh, sí!, antes... Antes sentíais miedo, es verdad. Teníais miedo, pero eso no era suficiente. Todavía os quedaba una esperanza. Jugabais contra mí. Queríais ganar. Y por eso, porque estabais jugando, aún no os sentíais perdido de modo irremediable. No estabais absolutamente perdido como lo estáis ahora. *(Ríe)* Ah, Gabriel..., vuestro instinto de actor se ha mantenido hasta el fin. Hasta el último momento habéis continuado fingiendo un personaje. *(Gabriel suspira lastimero, la cabeza caída inanimadamente sobre el pecho)* ¿Qué pasa? Pobre Gabriel, dormido otra vez... Os habéis dormido al no tener otra escapatoria... Porque no queréis ver cómo vuestra vida se os va de entre las manos inexorablemente a cada minuto que pasa..., a cada suspiro, a cada latido, a cada silencio... *(Transición. Impersonal)* Pero no, no importa. Dentro de un momento volveréis a recuperar el conocimiento. Desaparecerán los efectos de la primera droga y volveréis a sentiros lleno de lucidez y energía, y el veneno, el veneno verdadero, empezará a actuar poco a poco sobre vuestro organismo..., muy lentamente..., a lo largo de unas cuantas horas y de manera muy dolorosa... Pero no anticipemos acontecimientos, amigo Gabriel. Respetemos las formas y las convenciones de nuestro arte. Vamos, pues, a sentarnos. *(Vuelve a sentarse en la butaca)* Y ahora, Gabriel, me vais a permitir que deje de hablar. Acaba de levantarse el telón. Suena una dulcísima música de invisibles violines. La escena está iluminada con la lumbre de centenares de candelabros y el actor principal, vestido de ceremonia, se prepara para hacer su entrada dramática. ¡Ah!, qué sublime momento el de esta espera. Qué ansiedad tan grande puede concentrarse en estos pocos segundos que preceden al primer parlamento... Pero callemos. Los espectadores deben permanecer quietos en sus butacas. Debemos respetar todo el rito. Callemos. Hay que guardar silencio. Esta noche es noche de estreno y la función va a dar comienzo ahora mismo.

Muy lentamente, se apagan todas las luces del escenario hasta llegar al oscuro total.

FIN DE LA OBRA

Valencia, enero-febrero 1978

RODOLF SIRERA
Trío

Traducción de Rebeca Valls y Nacho Diago

Trío

PERSONAJES

(Por orden de aparición)

DAVID, *actor de mediana edad cuya carrera está llena de altibajos y cambios de domicilio y de pareja.*

ÓSCAR, *actor más próximo a los sesenta que a los cincuenta, con una vida sentimental y profesional decididamente deprimente.*

MICAELA (MICKY), *joven ambiciosa dispuesta a hacer lo que sea y donde sea para conseguir triunfar en un arte, el de la interpretación, para el que no parece estar especialmente dotada.*

La acción transcurre en una ciudad cualquiera. Tiempo actual.
Izquierda y derecha, las del espectador.

Esta obra es para Rebeca Valls,
excelente actriz y mejor persona,
cuyo entusiasmo por todas las cosas que hace
y por esta obra, que ha ido leyendo escena a escena,
me ha ayudado a darle la energía
que quizás en un principio le faltaba
y a volver a mirar con cariño un oficio que,
durante un tiempo, demasiado tiempo,
pensaba que había dejado de interesarme.

Escenario a oscuras. Luz sobre David, ropa informal. Sentado en un taburete, de cara a los espectadores, les habla directamente.

DAVID.— ¡El teatro! Amo el teatro por encima de todas las cosas. Cuando no tengo trabajo, me digo a mí mismo que me dejaría cortar un brazo por volver a actuar. Cuando estoy actuando, me digo a mí mismo que me dejaría cortar un brazo por que la temporada no terminara nunca. Pero es difícil actuar sin brazos, sobre todo si es una de esas obras clásicas donde tienes que batirte en duelo, *Romeo y Julieta,* por ejemplo. Yo hice una vez de Mercuccio, un papel, al contrario de lo que los no entendidos piensan, mucho mejor que el de Romeo.

Recitando:

"No, la herida no es tan honda como un pozo, ni tan ancha como el pórtico de una iglesia; pero, no lo dudes, producirá su efecto. Podéis encargar ya los responsos, que mañana estaré bajo tierra. Un gato esmirriado, ¡matar a todo un hombre con solo un arañazo! ¡En qué mala hora te interpusiste entre nosotros! Me hirió pasando su espada por debajo de tu brazo".

Emocionado, perdiendo el aliento:

"Llévame donde sea, porque creo, Benvolio,
que ya pierdo el sentido. Vuestras dos familias,
que el infierno las confunda a ambas, lograrán
que los gusanos me devoren antes de hora".

VOZ HOMBRE *(off).*— Muchas gracias. Ya le avisaremos. ¡Siguiente!

David se pone la mano a modo de visera porque la luz de los focos le deslumbra.

DAVID.— ¿Cómo? ¿Qué dice? ¿Qué?

VOZ HOMBRE *(off).*— Que ya le avisaremos. ¡Siguiente!

DAVID.— También puedo hacer de Romeo, si quiere...

VOZ HOMBRE *(off).*— Gracias. Es usted demasiado mayor. ¡El siguiente!

DAVID.— De todas formas, no era una buena producción. Pero me deprimió bastante, era el primer *casting* que hacía y no me daban el papel. El primer *casting* que hacía este año, quiero decir. La verdad es que llevaba un tiempo sin actuar. Bastante tiempo. Mucho tiempo. Y se me estaba acabando el dinero, debía dos meses de alquiler del piso y me habían amenazado con cortarme el móvil. Y ¿qué hace hoy en día un actor sin móvil? En cualquier momento te pueden llamar para ofrecerte un papel...

Suena el móvil. David se lo acerca a la oreja.

¿Sí? *(Cubre el auricular con la mano. Al público)* Es mi representante. Un santo. Mejor dicho: un ermitaño. Porque si tiene que comer de mí, pasará más hambre que un maestro. *(Al teléfono)* ¿Ya has hablado con ellos? *[...]* ¿Y qué papel? *[...]* ¿Un cura? *[...]* No, no, es que nunca he hecho de cura. Aunque no creo que me resulte difícil. Un cura de esos modernos, que no llevan sotana... Sí, bien mirado podría dar el perfil... *[...]* ¿Cómo? *[...]* Ah, ¿que no me han dado el papel? Pero ¿tú no les has dicho...? *(Enfadándose)* Lo que creo es que no has insistido bastante... *(Colgando)* ¡Mierda de representante! No me sirve para nada, las pocas cosas que encuentro, las encuentro yo solo. Claro que así me ahorro pagarle la comisión.

Por el lateral hacia donde David se dirige aparece una puerta. David saca una llave del bolsillo, intenta meterla en la cerradura, no puede.

DAVID.— ¿Qué coño pasa? ¿Por qué no se abre?

VOZ MUJER *(off).—* Porque he cambiado la cerradura, a ver si así se anima y paga.

DAVID.— ¿Cómo quiere que pague si tengo el dinero dentro de casa? *(Al público)* Afortunadamente, tengo que reconocerlo, poseo cierta capacidad para conseguir que el elemento femenino cambie de opinión.

VOZ MUJER *(off).—* Es que es tan guapo...

DAVID.— Y el problema lo resolvimos de una manera rápida y... amistosa.

Se abre la puerta y una mano femenina lo arrastra hacia adentro. Ambos, la propietaria de la mano femenina y David, quedan escondidos detrás de la puerta.

VOZ MUJER *(off).—* Oh, oh... Ah... Ah... Ay...

Se vuelve a abrir la puerta y aparece la cabeza de David.

DAVID.— Pero era evidente que no podía vivir más tiempo en esa casa... Pequeña, amueblada y económica, eso es cierto...

David sale huyendo de detrás de la puerta con una maleta en la mano.

Pero con una casera que exigía unos pagos extra que, la verdad sea dicha, no estaba dispuesto a satisfacer... al menos con la frecuencia y la contundencia que la propietaria exigía.

La puerta se cierra de un portazo y desaparece por el lateral.

VOZ MUJER *(off).—* ¡Impotente!...

David se encoge de hombros y empieza a caminar hacia el lateral contrario.

DAVID.— Impotente era como me sentía yo aquel día: sin trabajo, sin piso y con la moral —y lo que no es la moral— bajo mínimos.

Cuando, de pronto, como si fuera un capítulo de telenovela –mejor dicho, la última secuencia de un capítulo de telenovela–, tuve un encuentro inesperado.

David tropieza con Óscar, que intenta, con mucha dificultad, caminar en línea recta.

¿Por qué no mira por dónde va?

ÓSCAR.— *(Algo farfullado)* Seguramente no me gustaría lo que viera. *(De repente, se da cuenta)* ¡Eres tú!

DAVID.— ¿Quién?

ÓSCAR.— ¿Cómo que quién? ¿Quién va a ser?

DAVID.— ¿Quién va a ser qué?

ÓSCAR.— ¿Qué va a ser quién? Pues tú... Tú eres, ¿quién va a ser?...

DAVID.— Perdone, no entiendo nada.

ÓSCAR.— No me extraña. Nunca has sido demasiado inteligente.

DAVID.— *(Como si la frase le activara un recuerdo. Se fija mejor)* ¡Ostras, Óscar! ¡Eres tú!

ÓSCAR.— ¡Claro que soy yo! ¿Preferirías que fuera otro?

DAVID.— ¿Qué otro?

ÓSCAR.— Otro. Tú sabrás.

DAVID.— ¡Pero no eres otro! ¡Eres tú!

ÓSCAR.— Tengo esa costumbre, sí. Tratar de ser otro, si no te pagan, no compensa.

DAVID.— ¿Estás sin curro?

ÓSCAR.— ¿Por qué dices eso?

DAVID.— Apestas a alcohol.

ÓSCAR.— Justamente porque tengo curro. Me acaban de dar un papel que te cagas.

DAVID.— ¿Un papel?

ÓSCAR.— De borracho.

Por un momento, David se queda desconcertado, hasta que Óscar se pone erguido y ríe. David comprende y ríe también.

DAVID.— Ah...

ÓSCAR.— Me estoy motivando. ¿Y tú? ¿Adónde vas con esa maleta?

DAVID.— Me estoy motivando yo también.

ÓSCAR.— *La muerte de un viajante.* De Arthur Miller.

DAVID.— *El jardín de los cerezos*, última escena.

ÓSCAR.— ¡Te has acordado! Yo hacía de Firs, el viejo mayordomo del que se olvidan cuando cierran la casa.

DAVID.— Terrible.

ÓSCAR.— Terrible, sí. Tuve una reacción alérgica de cojones con tanto maquillaje. Tenía que parecer un viejo decrépito.

DAVID.— Un poco ya lo eres.

ÓSCAR.— ¿Yo? ¡Yo no soy viejo!

DAVID.— Quería decir únicamente decrépito.

ÓSCAR.— Eso sí, no te lo niego. Nunca he tenido tiempo de ir al gimnasio.

DAVID.— ¿Tiempo o voluntad?

ÓSCAR.— La voluntad de encontrar tiempo, supongo.

DAVID.— ¿Así que las cosas no te van nada mal?

ÓSCAR.— La verdad es que no. Ya sabes cómo es este oficio: días de mucho, vísperas de nada. Yo estoy ahora en uno de esos días.

DAVID.— No olvides que hoy estás en lo alto de la montaña, mañana en la sima más profunda.

ÓSCAR.— ¿Y tú?

DAVID.— Espeleología.

ÓSCAR.— Vaya. *(Tratando de animarlo)* Tu problema es que aún eres demasiado joven.

DAVID.— En el último *casting* me dijeron justamente lo contrario.

ÓSCAR.— Quiero decir que estás en una edad difícil.

DAVID.— La menopausia.

ÓSCAR.— Más o menos. Ya se te ha pasado el arroz para hacer de galán joven...

DAVID.— Gracias.

ÓSCAR.— Seamos realistas. En el teatro –y más aún en la televisión–, o eres un crac a los dieciocho años o ya no te comes una mierda.

DAVID.— La televisión no me interesa.

ÓSCAR.— Sobre todo cuando no te cogen en ningún *casting*. *(Interrumpiendo las protestas del otro)* No te enfades, hombre, tienes que tener más aguante.

DAVID.— ¿Quieres decir que en este oficio envejecer no es una desgracia?

ÓSCAR.— No es siempre una desgracia. Depende de cómo envejezcas (un verbo, que conste, que no me gusta en absoluto). Sobre todo, intenta no echar barriga. La barriga está muy mal vista en nuestro oficio.

DAVID.— ¿Y si tienes que hacer de Falstaff?

ÓSCAR.— Los productores prefieren que estés delgado y te pongas relleno. Hay menos posibilidades de que te mueras en un escenario de un ataque al corazón.

DAVID.— Entonces, mientras tanto, ¿qué tengo que hacer? ¿Esperar a ser suficientemente viejo?

ÓSCAR.— ¡Otra vez esa odiosa palabra! No se dice viejo, se dice maduro. O mejor dicho: que has llegado a una edad interesante.

DAVID.— Y tú ya has llegado a esa edad "interesante".

ÓSCAR.— Yo siempre he sido "interesante". Pero ha sido con la madurez cuando el mundo de la farándula ha empezado a interesarse por mí.

DAVID.— La verdad, no encuentro mucha diferencia: siempre has tenido la misma cara.

ÓSCAR.— Desde pequeño. Pero entonces no alcanzaba a besar a las actrices si no me subían en brazos.

DAVID.— ¿Y por eso les cogiste manía?

ÓSCAR.— ¿A los besos?

DAVID.— A las actrices.

ÓSCAR.— Las mujeres, en general, son demasiado empalagosas. Lo tienes que saber por experiencia. ¿O es que has cambiado de acera?

DAVID.— No suelo cruzar la calle.

ÓSCAR.— Te da miedo el tráfico. Y seguro que vas siempre por la acera de la derecha.

DAVID.— Es más segura.

ÓSCAR.— Pues nada, sigue así, a tu rollo.

DAVID.— Pues deja tú de cortarme el rollo.

ÓSCAR.— No se dice cortar el rollo. Se dice tener sentido del humor.

DAVID.— ¡Cabrón!

ÓSCAR.— ¡Tu madre! *(Pausa)* Una santa.

> *Ambos se miran. Finalmente ríen. Se abrazan. Se dan palmaditas en la espalda.*

DAVID.— Por cierto, ¿continúas viviendo en aquella pensión...?

ÓSCAR.— Ya no. Tengo piso propio. Alquilado, pero propio. Para mí solito.

DAVID.— ¿Ya no tienes pareja?

ÓSCAR.— Parejas. Es más entretenido.

DAVID.— Yo tampoco.

ÓSCAR.— Ah.

DAVID.— ¿Y no te sobrará una habitación?

Óscar se queda mirándolo.

Para realquilar.

Pausa.

ÓSCAR.— No te hagas ilusiones. No eres mi tipo.

DAVID.— Eso me tranquiliza. Lo que no me tranquiliza es no saber dónde voy a dormir esta noche.

ÓSCAR.— Conmigo no, no insistas.

Óscar se besa el dedo índice y le pasa el beso a David. Después, se va.

DAVID.— Y así es como empecé a vivir con Óscar. Nuestra vida en común no fue para nada una reedición de *La extraña pareja,* pese a la coincidencia de nombres. Solo coincidían los nombres. Porque el Óscar que interpretaba Walter Matthau era bastante diferente del que interpretaba mi Óscar.

Mientras David habla, el escenario se ha transformado en el apartamento de Óscar. La puerta se abre. Entra Óscar. Va hacia a David, que aún lleva su maleta en la mano.

ÓSCAR.— *(Pálido)* Creo que tengo un cólico nefrítico.

DAVID.— ¿Qué?

ÓSCAR.— Un cólico nefrítico. Los riñones.

DAVID.— No sabía que sufrías de los riñones.

ÓSCAR.— Desde el capítulo cinco de *L'alqueria blanca*[1].

DAVID.— Solo salías en los cuatro primeros.

ÓSCAR.— Por eso.

DAVID.— ¿Y tienes experiencia?

ÓSCAR.— En todo tipo de papeles. Y hablo castellano sin acento.

DAVID.— Pregunto que si tienes experiencia en cólicos nefríticos.

ÓSCAR.— Últimamente he hecho un máster.

DAVID.— Llama al médico. Yo me tengo que ir.

ÓSCAR.— *(Asustado)* ¿Tienes que irte? ¿Adónde?

DAVID.— A Madrid. ¿No te acuerdas? Tengo un *casting*.

ÓSCAR.— Para un papel de tres secuencias.

DAVID.— Me han dicho que igual el personaje continúa.

ÓSCAR.— Mentira. Nos lo dicen a todos. Para que aceptemos cobrar el mínimo.

DAVID.— En cualquier caso, es una manera de que me vean.

ÓSCAR.— El revisor del AVE; aún no te han dado el papel. Por cierto, ¿de qué es el papel?

DAVID.— Es una partida de póquer.

ÓSCAR.— ¿Y de qué haces?

DAVID.— De jugador tres.

---

[1] Serie de larga duración de Canal 9. Puede sustituirse por cualquier otra.

ÓSCAR.— Ah.

DAVID.— Había pensado dotar a mi personaje de motivaciones.

ÓSCAR.— ¡Virgen Santísima!

DAVID.— Mira, tengo una especie de tic aquí, en la mano...

ÓSCAR.— Oh... oh...

DAVID.— Y es porque mi padre me quemaba con un cigarrillo...

ÓSCAR.— *(Conteniendo el dolor y empezando a quitarse la ropa)* Te quemaba...

DAVID.— Porque mi madre prefería dormir conmigo antes que con él. Eso me ha creado un trauma...

ÓSCAR.— No me extraña... ¡Ah... ah...!

DAVID.— Te he oído, no hace falta que alargues las palabras.

ÓSCAR.— Que estoy gritando de dolor. Yo muriéndome y tú solo piensas en tu papel. Pues tócate los huevos: ha llamado tu representante. Le han dado el papel a otro.

DAVID.— ¿Mi representante? ¿Te ha llamado a ti? ¿Por qué?

ÓSCAR.— Porque tenemos el mismo representante. Y tu móvil no contestaba.

Se saca el móvil del bolsillo. Lo comprueba.

DAVID.— ¡Mierda! Me lo han vuelto a cortar. Necesitaba ese papel.

ÓSCAR.— Yo lo que necesito es meterme en una bañera de agua caliente. Seguro que así se me pasa enseguida.

Óscar sale apresurado por el lateral, mientras termina de desnudarse.

DAVID.— Pero no se le pasó. Y tuvimos que llamar al médico de urgencias, que le recetó unas inyecciones. Yo me negué a ponérselas. Nunca había puesto inyecciones. Se las tendría que haber puesto. Y romper la aguja. Los de la serie se quedaron esperándome en Madrid. Mi representante sí que había llamado. Pero para decirme que me habían ascendido a jugador dos. Y el jugador dos tenía... ¡cuatro secuencias!

Óscar entra por el mismo lateral por donde se ha ido antes, vestido solo con un albornoz de baño.

ÓSCAR.— No hay agua caliente.

David coge su maleta.

¿Adónde vas?

DAVID.— A Madrid. A hablar con la directora de *casting*...

ÓSCAR.— No puedes irte. Estoy muy enfermo...

DAVID.— *(Ignorándolo)* ... a ofrecerme para cualquier otro papel...

ÓSCAR.— ... y no hay agua caliente...

DAVID.— ... aunque solo sea de dos secuencias...

ÓSCAR.— ... y me tienen que poner la inyección...

DAVID.— ... o de una secuencia, no me importa...

ÓSCAR.— ... ¡la inyección!

DAVID.— ... ¡¡¡no me importa!!!

El grito de David provoca un largo silencio. Óscar agacha la cabeza, lloroso.

ÓSCAR.— Nunca te he importado, ya lo sé, no hace falta que grites. *(Teatral)* No le importo a nadie.

DAVID.— No hay agua caliente porque ayer desconectaste el calentador para no gastar tanto, y no te has acordado de volverlo a conectar.

ÓSCAR.— ¿Y cómo quieres que me acuerde? ¡Estoy enfermo!

DAVID.— Ahora eres tú el que grita.

ÓSCAR.— *(Bajando la voz)* ¡Me estoy cagando de dolor!

DAVID.— Tratándose del riñón, deberías decir que te estás meando, sería más propio.

ÓSCAR.— Y si tú te vas, ¿quién me pondrá la inyección?

Suena el timbre de la puerta.

DAVID.— ¡Los dioses han escuchado tus plegarias!

David abre la puerta. Entra Micky, desenvuelta, segura.

MICKY.— *(Señalando a Óscar)* ¿Es este?

DAVID.— Zarandéalo y lo comprobarás.

ÓSCAR.— ¿Quién es esta mujer? ¿Y por qué me tiene que zarandear?

DAVID.— Porque tienes tantas piedras en el riñón que parecerás un sonajero.

ÓSCAR.— *(No le parece gracioso)* Ja, ja, ja.

MICKY.— Voy a preparar la inyección.

DAVID.— Adelante.

ÓSCAR.— *(A David, en voz baja, por Micky)* ¿De dónde la has sacado?

DAVID.— Amiga de una amiga de una amiga...

ÓSCAR.— ¿Es médico...?

David niega con la cabeza.

¿Practicante...?

DAVID.— Está estudiando Arte Dramático.

ÓSCAR.— ¡Horror! ¡La han enviado aquí para hacer prácticas de interpretación! ¡Conmigo!

DAVID.— No seas ridículo. Hizo dos años de medicina antes de que le entrara la vocación...

ÓSCAR.— ¿Por la medicina?

DAVID.— Por el teatro...

ÓSCAR.— Dios mío... Mírala, tan concentrada... Seguro que me pone la inyección siguiendo el método...

DAVID.— Ella es más bien del teatro de la crueldad.

ÓSCAR.— Lo sabía, lo sabía... Tiene cara de sádica. ¿Seguro que sabe poner inyecciones?

DAVID.— Que sí. Pone inyecciones, te toma la tensión, te mide la capacidad respiratoria. Y lo hace muy bien, como si fuera una ATS.

ÓSCAR.— Pierde el tiempo, ya no se llevan las series de médicos.

DAVID.— Lo hace para sacar algo de dinero y pagarse unos cursillos. Micky es una chica muy responsable y trabajadora.

ÓSCAR.— ¡Se llama Micky, como el ratón de Walt Disney! Asesinado por un ratón... Peor aún..., por una rata.

DAVID.— Micky es por Micaela.

ÓSCAR.— Un nombre horroroso. Te imaginas a una mujer vieja. Con bigote.

DAVID.— Por eso todos la llaman Micky.

Micky se acerca a Óscar con la inyección ya preparada.

MICKY.— Vamos al dormitorio. ¿O prefieres que te pinche aquí, delante de todos?

DAVID.— *(Mirando a un lado y a otro)* ¿Te refieres a mí?

ÓSCAR.— En el dormitorio.

Óscar va hacia el lateral, seguido de Micky. Salen los dos.

DAVID.— Vine a la ciudad porque quería ser actor..., actor de verdad... Estaba ya harto de hacer de San Juan en *La Pasión* del pueblo. El último año me dijeron que me ascendían a Jesucristo, pero me pareció un papel muy incómodo. Ahora estoy ensayando el papel de Judas.

Fuera se escucha un grito de Óscar. Entra Micky, muy angustiada.

MICKY.— No paraba de moverse... y me ha roto la aguja.

ÓSCAR *(off).*— ¡Asesina!

Micky vuelve a irse, corriendo.

DAVID.— Y así, de esta manera tan extraña, fue como Micky entró en mi vida. En nuestras vidas, quería decir.

Oscuro.

Luz sobre Óscar, ropa formal, aunque algo deteriorada. Sentado en un taburete, habla directamente a los espectadores. Ha bebido más de la cuenta, pero sin exagerar. Se nota que el foco le molesta. El decorado del fondo ha desaparecido.

ÓSCAR.— Me negaba a presentarme a un *casting*. ¿Pero quién se han creído que soy, un principiante? Si quieren saber algo de mí, que lean mi currículum. A ver qué actor de mi generación puede exhibir un currículum como el mío. Y si no quieren mirarlo, aire. Si no me conocen a mí, yo tampoco los conozco a ellos. Y no pasa nada si no trabajo un par de meses. Mejor no actuar, que hacerlo con un papel del que tengas que avergonzarte. *(Forzando la vista)* No se ve nada, lo hacen adrede, para esconderse, para que no los puedan reconocer. ¿Papeles que me gusten? Cualquiera, no soy exigente. Lo único que pido es credibilidad. Coherencia... *(Transición)* Pero me presenté. Hacía más de dos meses que no trabajaba.

VOZ HOMBRE *(off)*.— Si le dieran la oportunidad, ¿qué personaje de la historia del teatro le gustaría interpretar?

ÓSCAR.— Hedda Gabler. Sí, ya sé que es un personaje femenino. Pero hay tantas cosas que nos unen... Hedda no soporta la mediocridad del mundo contemporáneo. Tiene un anhelo insatisfecho de belleza, no la comprende nadie, ni ella comprende las pequeñas y las grandes mezquindades, las mezquindades cotidianas de los que la rodean...

VOZ HOMBRE *(off)*.— Ibsen no interesa. Haga la escena que se ha preparado, por favor.

ÓSCAR.— No interesa Ibsen... ¿Interesa Chéjov?

VOZ HOMBRE *(off)*.— No tenemos todo el día.

ÓSCAR.— *(Mima la acción de abrir una puerta. Con voz de persona mayor, está haciendo de Firs. Exagerando el personaje)* "Cerrada... Se han ido. ¡Se han olvidado de mí!... No importa... Me quedaré aquí, sentado... Seguro que Leonid Andreich no se ha puesto la chaqueta de piel y solo lleva el abrigo... *(Suspirando)* ¡Y yo sin enterarme!... Juventud, ah, juventud... *(Dice algo que no se entiende)* Ha pasado la vida... Y a mí me da la sensación de no haberla vivido... Estoy cansado, echaré una cabezadita... Ya no te quedan fuerzas, ya no te queda nada... Pobre Firs... No eres más que un infeliz... Un infeliz...".

VOZ HOMBRE *(off)*.— Muchas gracias. Ya le avisaremos. ¡El siguiente!

Óscar pone la mano a modo de visera.

ÓSCAR.— ¿Cómo? ¿Qué dice? ¿Qué?

VOZ HOMBRE *(off)*.— Que ya le avisaremos. ¡Siguiente!

ÓSCAR.— También puedo interpretar al marqués de *El veneno del teatro*, si quiere...

VOZ HOMBRE *(off)*.— Gracias. Es usted demasiado mayor. ¡Siguiente!

ÓSCAR.— ¿Cómo que demasiado mayor? Tengo justo la edad que exige el papel. *(Empieza a declamar)* "El teatro no tiene que ser ficción, ni arte, ni técnica... El teatro tiene que ser sentimiento, emoción..., y por encima de cualquier otra cosa, el placer de transgredir las normas establecidas...".

VOZ HOMBRE *(off)*.— Gracias. El siguiente, por favor... *(Alto)* ¿Dónde estás, nena?

Óscar ignora la interrupción y sigue declamando, a gritos.

ÓSCAR.— "Hemos de poner en el escenario todas nuestras miserias, nuestras angustias, nuestros inconfesables deseos, nuestros temores, Gabriel, nuestra verdad...".

VOZ HOMBRE *(off)*.— ¡Es suficiente! ¿Se ha vuelto loco? *(Gritando)* ¡Haz algo, coño!

> *Micky, la ayudante de dirección, se acerca e él.*

MICKY.— Déjelo estar, hombre. *(Para ella misma, cuando se da cuenta)* ¡Hostia!

ÓSCAR.— *(Sin mirarla, no la reconoce. Continúa bramando)* "Todo aquello que no deseamos reconocer, ni aceptar en nuestra existencia cotidiana, eso es lo que a mí me interesa...".

> *Micky lo coge del brazo. Con la otra mano se tapa la cara.*

MICKY.— Venga conmigo, yo le acompaño...

> *Micky le deja en el centro de la escena; después se marcha por el lateral, intentando ocultar su rostro de la mirada de Óscar.*

ÓSCAR.— "Y quiero hombres como vos, amigo mío..., hombres valientes e imaginativos que estén dispuestos a llevarlo a término...[2]".

> *Se escucha, lejana, la voz de un hombre.*

VOZ HOMBRE *(off)*.— ¿Está borracho o qué?

> *Óscar, solo en el centro de la escena, rompe a llorar.*

ÓSCAR.— Pero yo no soy valiente. No, no lo soy. *(Rehaciéndose, poco a poco)* Y, por lo que parece, tampoco demasiado imaginativo. A mí

---

[2] Véase *El veneno del teatro,* de Rodolf Sirera, versión en castellano de José María Rodríguez Méndez, obra integrada en la presente edición.

me dan un papel, me lo aprendo y ya está. Lo que pasa es que mi papel en la vida, ese, no me lo ha dado nadie. Y a mí, improvisar... Ya sé que ahora se lleva mucho..., pero me da, no sé, como vergüenza...

Empieza a caminar hacia el lado contrario de la escena.

La culpa de todo la tienen las rachas. Cuando empecé en este oficio, las cosas me iban tan bien que pensé que me esperaba un futuro acojonante. Iba a ser más famoso que Paco Rabal, cada año protagonizaría tres películas y un par de series de televisión. La primera vez que pasé un mes sin que nadie me llamara para ningún papel, tuve mi primer cólico nefrítico.

Por el lateral hacia donde se dirige Óscar aparece una puerta. Sobre ella, parpadea el rótulo luminoso que anuncia un bar.

Me costó mucho aceptar que yo no sería nunca un actor famoso. Sería un actor todoterreno, como los coches, que lo mismo haría comedia que drama. Pero nunca llegaría a ser un Rolls Royce. Lo sentí sobre todo por mi madre, que, cuando murió, aún me presentaba a sus amigas como "el mejor actor joven de España". Ni era joven, ni era ya buen actor. Solo era uno de esos actores a los que los directores de *casting* recurren cuando los actores que realmente quieren resultan demasiado caros o los llaman inesperadamente para hacer una película. A mí, por no salirme, no me salen ni las películas esperadas.

Abre la puerta del bar. Se escucha la música que suena dentro. Óscar entra.

Por mucho que lo intente explicar, no lo entiendo. De pronto, no se sabe por qué motivo, tu carrera se para. Dejan de llamarte. Y si estás una temporada sin subir a un escenario, o sin salir en la tele, todo el mundo se olvida de ti. Te borran. Como si nunca hubieras existido.

Cierra la puerta tras él. Pausa.

Voz HOMBRE 2 *(off)*.— ¿Y tú a qué te dedicas?

ÓSCAR *(off)*.— Soy actor.

Voz HOMBRE 2 *(off)*.— Ah. Pues tu cara no me suena.

ÓSCAR *(off)*.— Sobre todo, soy actor de teatro.

Voz HOMBRE 2 *(off)*.— Ah.

ÓSCAR *(off)*.— Deduzco que no vas mucho al teatro.

Voz HOMBRE 2 *(off)*.— Es un poco rollo, ¿no?

ÓSCAR *(off)*.— Es un arte para personas sensibles.

Voz HOMBRE 2 *(off)*.— Haber empezado por ahí. Quieres decir que
eres maricón.

Pausa.

Voz HOMBRE 3 *(off)*.— ¡Lo siento, pero si no paga no hay más copas!

ÓSCAR *(off)*.— ¡Miserable filisteo! ¡Le niegas una copa a un artista!

Voz HOMBRE 2 *(off)*.— ¡Artista! Lo que yo decía: todos los artistas,
maricones. Y de izquierdas. ¡Se os ha acabado lo de chupar del bote!

ÓSCAR *(off)*.— ¡Alto! Estoy dispuesto a aceptar que la alternancia en el
poder es necesaria para el buen funcionamiento de la democracia...

Voz HOMBRE 2 *(off)*.— Encima oportunista. Ya está cambiando de
chaqueta.

ÓSCAR *(off)*.— ... suponiendo, claro está, que esta mierda de siste-
ma político que tenemos sea una verdadera democracia...

Voz HOMBRE 3 *(off)*.— ¡En este bar está prohibido hablar de política!

ÓSCAR *(off).—* Estoy dispuesto a votar a quien sea si me sirve otra copa.

VOZ HOMBRES 2 Y 3 *(off).—* ¡¡¡Fuera!!!

Se abre la puerta y aparece la cabeza de Óscar.

ÓSCAR.— *(Bebido)* Era evidente que no podía continuar yendo a aquel bar... pequeño, acogedor y económico, eso es cierto...

Sale huyendo de detrás de la puerta, con un vaso en la mano.

Pero con una clientela que, después de las últimas elecciones, exigía unas muestras públicas de adhesión que, la verdad sea dicha, no estaba dispuesto a satisfacer..., por lo menos con la frecuencia y la contundencia que algunos exigían.

La puerta se cierra de golpe y desaparece por el lateral.

VOZ HOMBRE 2 *(off).—* ¡No vuelvas!...

Óscar se encoge de hombros y empieza a caminar hacia el lateral contrario, con el vaso aún en la mano.

ÓSCAR.— No vuelvas... a casa sin curro, me había dicho a mí mismo ese día, nada más levantarme. Ese día, y el anterior y el anterior. Solo es una mala racha. No discutas, agacha la cabeza, acepta lo que te propongan... Ahora ya no es cuestión de arte, es de super-vivencia... Pero me resultaba imposible no discutir. Porque yo, aun estando medio acabado profesionalmente, aun diciendo que el teatro me importaba una mierda, y que el futuro estaba en la tele, haciendo anuncios de compresas para la incontinencia uri-naria, en el fondo de mi alma aún amaba el teatro. Me sentaba fatal para la salud, como el tabaco, o como otras sustancias que no se deben nombrar en público, pero no podía prescindir de ellas.

Se queda mirando el vaso que sigue llevando en la mano.

¿Y ahora qué hago con este vaso? Ni de coña lo devuelvo, es una propiedad enemiga, conquistada después de una arriesgada incursión en territorio hostil. Lo podría dejar aquí, abandonado, para que una familia humilde se lo encuentre y aumente su reducido patrimonio. Ah, no: eso contribuiría a hacer crecer su resignación ante un destino que, por unos momentos, considerarían benévolo, y aminorarían su, cada vez más improbable, energía revolucionaria: ¡muerte a los burgueses, un vaso de cristal de bohemia para cada proletario! También podría utilizarlo para bautizar un barco: ya sé que no hay ningún barco, y que este vaso no es una botella de champán... Pero, según me explicaba mi tía abuela Trinidad, por esta calle pasaban antiguamente los barcos, ¿y quién dice que este vaso no haya contenido nunca una cantidad, aunque sea mínima, de dorado y burbujeante champán? Pero no planteemos hipótesis, ajustémonos a la realidad, por muy prosaica que sea: me limitaré a estrellarlo contra el suelo, como un acto de rebeldía suprema. Pero lo haré de espaldas, sobre mi hombro derecho, para simbolizar que no me rebelo contra nada en concreto, sino contra el universo, entendido de manera global y totalitaria.

Óscar se gira de espaldas y lanza el vaso por encima del hombro derecho. El vaso estalla contra el suelo, lo que provoca un susto más que considerable a David, que ha entrado por el lateral contrario, muy bien vestido y absorto en la lectura de un guion.

DAVID.— ¿Qué haces? ¿Te has vuelto loco?

ÓSCAR.— ¡Tú! ¡Eres tú! Es una señal de los dioses.

DAVID.— Por poco me manchas el traje.

ÓSCAR.— *(Admirado)* ¡Es nuevo!

DAVID.— Sí, es nuevo, ¿qué pasa?

ÓSCAR.— Te habrá costado un montón de dinero.

DAVID.— Mañana es la rueda de prensa de la presentación de la serie.

ÓSCAR.— Un protagonista. ¡Quién lo iba a decir!

DAVID.— Últimamente he tenido mucha suerte.

ÓSCAR.— Si no fuera porque competimos en diferentes franjas de edad, te diría que me muero de envidia.

DAVID.— Ya.

ÓSCAR.— Y, aun así, me muero de envidia...

DAVID.— Hombre...

ÓSCAR.— Por no tener la misma edad.

DAVID.— Estás entrando en una edad muy interesante...

ÓSCAR.— ... le dijeron a Ramsés segundo antes de empezar a embalsamarlo.

DAVID.— Has bebido.

ÓSCAR.— Solo lo que me han dejado. Yo habría querido más, pero no ha sido posible por problemas presupuestarios.

DAVID.— Óscar, no podemos continuar así.

ÓSCAR.— Dices bien. Yo no puedo continuar sin trabajar, y tú no puedes continuar trabajando día sí y día también en proyectos que no te interesan...

DAVID.— ... pero que interesan a los espectadores...

ÓSCAR.— ... porque son absolutamente imbéciles y tienen el gusto en el culo...

DAVID.— ... Eso es exactamente lo que dice todo el mundo cuando no lo contratan. Si te contrataran, dirías que los espectadores son la bomba. Y deja, por favor, de beber.

ÓSCAR.— Pues, mira, digo eso mismo incluso cuando me contratan. Como ahora.

DAVID.— ¿Qué dices? ¿Te han contratado? *(Abrazándolo)* Enhorabuena.

ÓSCAR.— Las desgracias no duran eternamente. Algunas, sí.

DAVID.— ¿El papel que querías?

ÓSCAR.— Un buen papel.

DAVID.— Estoy contentísimo. Por ti.

ÓSCAR.— Muy amable.

DAVID.— La verdad es que ya tenía ganas de que levantaras cabeza.

ÓSCAR.— Y yo, y yo.

DAVID.— Un papel a tu medida. Para que les puedas demostrar lo que vales.

ÓSCAR.— Pensaba que, después de treinta años de profesión, ya se lo había demostrado bastante.

DAVID.— Pero ya sabes cuán ingrato es este oficio... Estás sin trabajar unos meses...

ÓSCAR.— Veinticuatro...

DAVID.— ... y se olvidan de ti...

ÓSCAR.— Vaya, no se me había ocurrido.

DAVID.— Yo mismo –¿te acuerdas?– pasé una época difícil. No tenía literalmente dónde caerme muerto. Y fuiste tú, precisamente tú, quien me levantó...

ÓSCAR.— ... del suelo...

DAVID.— ... la moral. Gracias a ti, que me dijiste aquello tan bien dicho de que era demasiado joven para que me ofrecieran papeles interesantes... Y también que intentara no echar barriga...

ÓSCAR.— ¿Y?

David se pasa la mano por el vientre: plano.

DAVID.— Pero tú...

David le toca el vientre a Óscar. Hace un gesto de reproche.

ÓSCAR.— Soy un galán maduro...

DAVID.— Mustio...

ÓSCAR.— Pero tengo el músculo más importante en buenas condiciones.

DAVID.— Yo también.

ÓSCAR.— Lo dudo. Me refería al cerebro.

DAVID.— Lo que siempre me ha gustado de ti es cómo le pones al mal tiempo buena cara. ¿Qué harás ahora que tu vida empieza a ir bien?

ÓSCAR.— ¿Mi vida?

DAVID.— Profesional, quiero decir.

ÓSCAR.— Intentar ahorrar.

DAVID.— ¿Dinero?

ÓSCAR.— Energía. Tiempo. Ilusiones.

DAVID.— Siempre tienes que estar quejándote de algo. No serías tú.

ÓSCAR.— El acto de quejarse es un ejercicio de libertad. La única libertad que nos queda en este país de sayones y de mercaderes.

DAVID.— Hablando de mercaderes: mañana tenemos que pagar el alquiler del piso.

ÓSCAR.— Y de sayones.

DAVID.— No me importa pagarlo yo solo otra vez.

ÓSCAR.— Por cierto, ¿qué son sayones?

DAVID.— Unos que salen en las procesiones de Semana Santa. Hacen de verdugos.

ÓSCAR.— Y, si hacen de verdugos, ¿por qué no les llaman verdugos?

DAVID.— Porque no son exactamente verdugos. Hacen como si fuesen verdugos, pero no son verdugos.

ÓSCAR.— ¿Verdugos aficionados? Vaya. Es una palabra un poco rara.

DAVID.— ¿Qué?

ÓSCAR.— Un poco rara, pero eufónica. Seguro que en doblaje la cambian.

DAVID.— ¿Has olvidado que ya no hay doblaje?

ÓSCAR.— ¿Así que es por eso por lo que no me llaman?

DAVID.— Por el amor de Dios: no me agotes. Tengo muchas cosas que hacer.

ÓSCAR.— Yo también.

DAVID.— ¿Sí?

ÓSCAR.— Sí. *(Ante la mirada incrédula de David, improvisando)* Estudiarme el papel.

DAVID.— Ah.

ÓSCAR.— Me han dado un papel.

DAVID.— Ya te he dicho que me alegraba.

ÓSCAR.— *(Cada vez más triste)* Y que tenías ganas de que por fin levantara cabeza.

DAVID.— Sí. *(Pausa. Comprendiendo)* No te han dado el papel.

ÓSCAR.— No.

DAVID.— ¿Necesitas dinero?

ÓSCAR.— *(Negando con la cabeza)* Sí.

David se saca del bolsillo de la chaqueta unos billetes. Se los acerca a Óscar. Cuando este extiende la mano para cogerlos, David retira la suya con los billetes.

DAVID.— No puedo pagar yo solo el alquiler del piso todos los meses.

ÓSCAR.— Es mi piso.

DAVID.— Es mi dinero.

ÓSCAR.— ¿Y qué propones?

DAVID.— Que entre otra persona.

ÓSCAR.— ¿Qué clase de persona?

DAVID.— Una amiga.

ÓSCAR.— Problema: solo tenemos dos habitaciones.

DAVID.— ¿Y a ti quién te ha dicho que eso sea un problema?

ÓSCAR.— ¿Me estás diciendo que te vienes a dormir conmigo?

DAVID.— *(Sonríe)* Qué más quisieras.

David se va.

ÓSCAR.— Y así es como aquel ser odioso y repugnante, que tenía nombre de ratoncito de la factoría Disney, se vino a vivir con nosotros, rompiendo lo que hasta ese momento había sido una armonía perfecta. O casi. Y quien diga que aquello se podría parecer a *Jules et Jim,* es que no había visto la película de Truffaut. O que no nos había visto a nosotros.

Mientras Óscar habla, el escenario se ha transformado en su apartamento. Entra Micky, tapada solo con una toalla.

MICKY.— No hay agua caliente.

ÓSCAR.— No hay agua caliente porque ayer desconectaste el calentador para no gastar tanto, y no te has acordado de volverlo a conectar.

MICKY.— No tendríamos necesidad de ahorrar si alguien que yo me sé pagara su parte del alquiler del piso.

ÓSCAR.— De mi piso.

MICKY.— Un piso alquilado es de los que pagan el alquiler.

ÓSCAR.— Te recuerdo que cuando tu... ¿amigo?...

MICKY.— ... amante...

ÓSCAR.— ... lo que sea, no tenía donde caerse muerto, yo, haciendo un acto de caridad cristiana, del que todavía me sorprendo...

MICKY.— ... novio, rollo, o lo que te dé la gana..., pero ¿amigo?

ÓSCAR.— ... le ofrecí un techo donde guarecerse de las inclemencias del destino...

MICKY.— ... guarecerse... me parece de un ridículo... una pedantería total...

ÓSCAR.— *(Explotando)* ¡Pedante tú! ¡Estoy harto de escucharte! ¿Por qué te tienes que burlar de todo lo que yo digo?

MICKY.— ¿Y por qué te tienes tú que meter en todo lo que yo hago?

ÓSCAR.— Porque todo lo que haces me irrita. Tu presencia en mi casa me irrita.

MICKY.— ¿Y se puede saber por qué?

ÓSCAR.— Porque eres egoísta, insoportable, metomentodo, autoritaria...

MICKY.— ... mujer...

ÓSCAR.— *(Sin darse cuenta)* ... mujer... No bajas nunca la basura, eres caótica, y dejas la ropa de cualquier manera...

MICKY.— No me soportas, pero solo es por una de las cosas que has dicho.

ÓSCAR.— ¿Qué he dicho?

MICKY.— Que soy mujer.

ÓSCAR.— Claro que eres mujer, no hace falta que me lo recuerdes.

MICKY.— No podemos continuar así.

ÓSCAR.— Vete.

MICKY.— No podemos.

ÓSCAR.— Aire.

MICKY.— ¡Si yo me voy, y me podría ir, no me costaría nada!...

ÓSCAR.— ... tardas, ya tardas...

MICKY.— ... David se vendría conmigo...

ÓSCAR.— ... idos...

MICKY.— ... obviamente...

ÓSCAR.— ... no me importa...

MICKY.— ... y tú solo no podrías pagar el alquiler...

ÓSCAR.— ... no me importa...

MICKY.— ... hace meses que no pagas el alquiler...

ÓSCAR.— ... ¡okupa! Eres una okupa, eso es lo que eres. Una ameba parasitaria...

MICKY.— ... y te pondrán de patitas en la calle...

ÓSCAR.— ... un gusano intestinal...

MICKY.— ... ¡que te den...!

ÓSCAR.— ... una tenia...

Se abre la puerta y entra David.

DAVID.— Estoy hecho polvo. Doce horas grabando...

MICKY.— *(Amorosa)* Te doy un masaje...

DAVID.— Putos productores... agrupan veinte secuencias para que les salga más barato...

ÓSCAR.— ¡No la soporto! ¡No la soporto!

DAVID.— ... y a nosotros nos dejan reventados...

MICKY.— Vamos a la cama y descansas.

ÓSCAR.— ¡Tenemos que hablar seriamente! Aquí no hay manera de vivir en paz, de tener intimidad, de concentrarse...

Durante las protestas de Óscar, Micky ha empezado a besar a David. Los dos se van por un lateral ignorando las palabras de Óscar.

ÓSCAR.— ... y yo necesito concentrarme, necesito concentrarme, porque tengo que preparar un personaje para una prueba, un personaje muy importante, una prueba importante, necesito...

Rompe a llorar.

Oscuro.

Luz sobre Micky, sentada en un taburete en una esquina del escenario y con un gran bloc de notas en la mano. El decorado del fondo ha desaparecido.

MICKY.— Estoy sentada detrás de una mesa, en un discreto segundo plano, como corresponde a una ayudante de dirección. Mejor dicho, a una ayudante de ayudante de dirección. Mi objetivo en la vida, como es obvio, no es ser ayudante de ayudante de dirección. Ni siquiera ayudante de dirección. No es ser ayudante de nada. Ni de nadie, para ser más exactos. Solo quiero ayudarme a mí misma. Pero a veces hace falta disimular.

VOZ HOMBRE *(off)*.— ¡Nena, un café!

MICKY.— ¡Marchando!

Por el lateral hacia donde Micky se dirige aparece una puerta. Sobre ella, parpadea el rótulo luminoso que anuncia un bar.

Marchando... de momento. Tengo veintiún años, he estudiado Arte Dramático. He aprobado por los pelos, mis profesores dicen que no tengo talento. Y yo les he contestado que no importa.

Micky abre la puerta, entra al bar.

MICKY *(off)*.— Un café para el jefe. Lo apuntas...

VOZ HOMBRE 3 *(off)*.— Yo le he visto a usted en algún sitio. Ya lo sé. En la serie esa... ¿Cómo se llama?

DAVID *(off)*.— *Singladura sin rumbo.*

MICKY *(off)*.— He dicho un café y que lo apuntes.

VOZ HOMBRE 3 *(off)*.— Pero ya hace años de eso...

DAVID *(off)*.— Hombre, años, años...

MICKY *(off)*.— ¿Actor? ¡Y de la tele!

DAVID *(off)*.— Me tengo que ir de viaje, y mi compañero de piso...

MICKY *(off)*.— ¿Actor también?

DAVID *(off)*.— ... tiene un cólico nefrítico, y le tienen que poner unas inyecciones. ¿Conoce usted a algún practicante por el barrio?

MICKY *(off)*.— ¡Yo!

DAVID *(off)*.— ¿Conoces a alguno?

MICKY *(off)*.— Yo. Yo soy practicante.

DAVID *(off)*.— ¿Tú eres practicante?

MICKY *(off)*.— He hecho prácticas.

DAVID *(off)*.— ¿Prácticas de practicante?

MICKY *(off)*.— Prácticas de... ¡Oh! *(Ríe, teatral)* Es usted muy gracioso...

DAVID *(off)*.— Tú...

MICKY *(off)*.— ¿Yo?

DAVID *(off)*.— Que me hables de tú.

MICKY *(off)*.— ¿Que le hable de mí? Nací hace algunos años, no muchos, la verdad, en un pueblecito cerca de Valencia...

DAVID *(off)*.— *(Ríe)* No, no, quería decir que me hables de tú... Sin tratamiento...

MICKY *(off)*.— *(Haciendo un chiste malísimo)* Las inyecciones formarán parte de un tratamiento, ¿no?

DAVID *(off).*— *(No ha entendido. Cuando lo hace, ríe por compromiso.)* Ah... Un tratamiento... Muy bueno, muy bueno... *(Pausa)* ¿Cuántos años dices que tienes?

Se abre la puerta y sale Micky.

MICKY.— Los chistes eran horrorosos, ya lo sé, parecía un poco tonta. Completamente tonta. Pero a los hombres, en especial a los actores, a los actores heterosexuales..., si hay alguno..., les gusta que las mujeres, en especial las actrices, si son guapas y espectaculares como yo, se comporten como si fueran un poco tontas. O que lo sean de natural. Por eso le dije que estaba estudiando Arte Dramático y que aún no me había titulado. Y puestos a inventar, que había estudiado dos años de medicina antes de que me entrara la vocación. Y que sabía tomar la tensión. Y medir la capacidad respiratoria, que no tenía ni idea de cómo se hace, pero sonaba muy profesional. No había puesto nunca una inyección, estuve ensayando un cuarto de hora con una jeringuilla que me compré en la farmacia y un cojín, lo importante era entrar en contacto, en *conexión* con aquellos dos actores, seguro que me abrirían muchas puertas, al fin y al cabo eran *viejos*, uno de ellos, el que no era David, era más que viejo, viejísimo, era Matusalén, y era al que le tenía que poner la inyección. Su culo, su antiguo y matusalémico culo era más duro que el cojín, no mucho más duro, pero sí lo suficientemente duro. O quizás le pinché en el hueso, la cuestión es que se rompió la aguja.

ÓSCAR *(off).*— ¡Asesina!

MICKY.— Aquel accidente..., bueno, y el hecho de que Óscar me quisiera cortar el cuello, algo que afortunadamente no pudo hacer porque se quedó privado durante tres días del uso de una pierna..., propició mi acercamiento a David... acercamiento íntimo, quiero decir. No se fue a Madrid e hicimos el amor toda la noche en la playa del Saler. Era ya noviembre y hacía un poco de frío, pero a mí el frío nunca me ha importado, las noches de amor me gusta pasarlas mirando las estrellas completamente desnuda, mientras me penetran. No es que David fuera un amante de primera división, pero, considerando su edad, se defendía. Como muestra de agradecimiento, habló con un amigo de un amigo del director, con el que había compartido amante cuando eran jóvenes –con el amigo, no con el director, que era *homo*–, y consiguió que, cuando el ayudante de dirección cogió otra pulmonía, me ascendieran de ayudante de ayudante de dirección a ayudante de dirección a secas. No era mucho, pero era un primer paso.

Durante el final del parlamento de Micky ha empezado a escucharse fuera de escena la voz de Óscar, que va progresivamente aumentando de volumen.

ÓSCAR *(off).—* *(Declamando)* "El teatro no tiene que ser ficción, ni arte, ni técnica... El teatro tiene que ser sentimiento, emoción..., y, por encima de cualquier otra cosa, el placer de transgredir las normas establecidas...".

VOZ HOMBRE *(off).—* Gracias. El siguiente, por favor... *(Alto)* ¿Dónde estás, nena?

Micky se da cuenta de que hablan de ella.

ÓSCAR *(off).—* *(Ignora la interrupción y sigue declamando, a gritos)* "Hemos de poner en el escenario todas nuestras miserias, nuestras angustias, nuestros inconfesables deseos, nuestros temores, Gabriel, nuestra verdad...".

Micky se ha ido corriendo por el lateral.

VOZ HOMBRE *(off).—* ¡Es suficiente! ¿Se ha vuelto loco? *(A gritos)* ¡Haz algo, coño!

MICKY *(off)*.— Déjelo estar, hombre... *(Al darse cuenta)* ¡Hostia!

ÓSCAR *(off)*.— *(Continúa gritando)* "Todo aquello que no deseamos reconocer, ni aceptar en nuestra existencia cotidiana, eso es lo que a mí me interesa...".

MICKY *(off)*.— Venga conmigo, yo le acompaño...

La voz de Óscar se escucha cada vez más lejana.

ÓSCAR *(off)*.— "Y quiero hombres como vos, amigo mío..., hombres valientes e imaginativos que estén dispuestos a llevarlo a término...".

Silencio. Pausa.

Al fondo, vuelve a aparecer el decorado del apartamento. Se abre la puerta y entra David, pletórico.

DAVID.— ¡Micky! ¡Micky, una buena noticia!

Entra Micky, con el rostro cubierto por una máscara cosmética, de aspecto francamente repugnante.

MICKY.— ¿Qué? ¿Qué pasa?

DAVID.— ¡Te he conseguido un papel!

MICKY.— *(Emocionada)* ¿Sí? ¿Dónde?

DAVID.— En la serie. No pueden negarme nada. Soy el protagonista.

MICKY.— Eres... eres... maravilloso... Llevo tanto tiempo esperando...

DAVID.— ... Una oportunidad... Los vas a dejar con la boca abierta...

MICKY.— *(Mimosa)* ¿Tú crees?

DAVID.— ... muy abierta...

MICKY.— ¿Sí?

DAVID.— Eres... eres...

Sin dejar de mirarse a los ojos, los rostros de David y Micky se van acercando. Cuando están a punto de darse un beso, aparece por un lateral Óscar, con un pañuelo en la cabeza y un espray de limpieza en las manos.

ÓSCAR.— ... una guarra, deja la ducha llena de pelos. Y ya estoy harto de ser yo quien los limpie. Cochina, cerda... ¡Alopécica!...

David y Micky le ignoran: se están dando un largo e intenso beso.

¡Esto no puede continuar así! ¡David, tenemos que hablar! *(No contesta)* ¡Daviiiiid!

DAVID.— *(Como si despertara de un sueño)* ¿Qué?

ÓSCAR.— Tenemos que hablar, David. Seriamente. Sobre nuestras relaciones, y el funcionamiento de esta casa.

DAVID.— Yo también quería hablar.

ÓSCAR.— *(Sorprendido)* ¿Tú?

DAVID.— No podré cumplir mi turno de limpieza esta semana. Me voy a grabar exteriores.

ÓSCAR.— ¡Siempre te vas a grabar exteriores cuando te toca limpieza! ¿Qué estas rodando, *Memorias de África*?

MICKY.— Qué bromista...

ÓSCAR.— Pues lo sustituyes tú, guapa, que cuando te toca a ti, lo haces todo deprisa y corriendo y luego me toca a mí limpiar lo que tú no limpias.

DAVID.— Micky no puede. Tiene que venir conmigo...

ÓSCAR.— ... a África...

DAVID.— ... a hacerse pruebas de vestuario...

MICKY.— *(Contenta)* Me han cogido en su serie. Gracias a David...

Óscar mira a David con ojos asesinos.

DAVID.— *(Incómodo)* Estaban buscando un personaje de sus características, y...

MICKY.— ... les llevó mi *videobook*. Me ha recomendado. *(Haciéndole una caricia)* Es un cielo...

ÓSCAR.— *(Herido)* A mí me dijiste que no aceptaban recomendaciones. ¡Ni siquiera quisiste llevarles mi *book*...!

DAVID.— Es un problema de franjas de edad. No necesitan gente tan mayor, y...

Se produce un momento de silencio muy incómodo. Óscar se siente como si lo acabaran de abofetear.

MICKY.— *(A David)* ¿No decías que te dolía mucho el cuello? Vamos a la habitación y te doy un masaje. *(A Óscar)* Trabaja tanto...

David sale de escena, como un autómata. Micky se dispone a seguirlo. Cuando está a punto de salir:

ÓSCAR.— ¿Le haces buenas mamadas? ¿Es eso?

MICKY.— *(Girándose, irónica, burlona)* A ti también te las haría si sirviera de algo.

ÓSCAR.— ¡Puta!

MICKY.— *(Ignorándolo)* Pero como no sirve de nada, y además la debes de tener carcomida...

ÓSCAR.— La juventud no te durará eternamente. Tienes las tetas cada vez más caídas. Y te estás quedando calva.

MICKY.— *(Mirándolo con menosprecio. Lentamente, como un insulto)* Matusalén.

Y se va, muy digna. Óscar, muy afectado, se arranca de un tirón el pañuelo de la cabeza.

ÓSCAR.— Le ha buscado un papel... ¡a ella! ¡La ha impuesto ante el director y el productor! ¡Y es una actriz *ho-rro-ro-sa*! Hasta cuando hace el papel de bien follada, ¡sobreactúa!

Se abre la puerta del fondo y entra David. Se le ve algo decaído.

DAVID.— Hola.

Óscar le ignora y se esfuerza por limpiar un mueble con un espray y con el pañuelo de la cabeza, que utiliza como bayeta. Pausa.

He dicho hola.

Silencio.

¿Qué haces?

ÓSCAR.— Sustituir a la maldita rata en su turno de limpieza...

DAVID.— ... No podemos continuar así...

ÓSCAR.— ... porque su majestad decía que hoy tenía prueba de vestuario...

DAVID.— ... haciéndolo todo nosotros, deberíamos contratar a alguien, una señora...

ÓSCAR.— ... Eso querría ella, ser una señora, pero es un putón...

DAVID.— Le tienes tanta manía, le tienes tanta manía, ¿por qué le tienes tanta manía...?

ÓSCAR.— Te está chupando la sangre, el cerebro, ¡te está dejando idiota!

DAVID.— No la soportas porque se ha interpuesto entre nosotros, seguramente te habías hecho ilusiones...

ÓSCAR.— ¿Ilusiones? ¿Qué clase de ilusiones?

DAVID.— ¿Necesitas que te lo diga con todas las letras?

ÓSCAR.— Todos nos hacemos ilusiones. Tú también te has hecho ilusiones.

DAVID.— ¿Yo? ¿Ilusiones? ¿Con quién me he hecho yo ilusiones?

ÓSCAR.— ¿Necesitas que te lo diga con todas las letras? La pareja perfecta: William Powell y Myrna Loy. No, mejor: Fred Astaire y Ginger Rogers. Por si no lo sabías, acabaron odiándose.

DAVID.— No sé quién es Myrna Loy.

ÓSCAR.— Después se quejan de cómo van las cosas en este oficio.

DAVID.— Si te refieres a Micaela y a mí...

ÓSCAR.— *(Sorprendido)* Ah... ¿Ya no es Micky? ¿Quiere decir esto que vuestra intimidad, en lugar de aumentar, mengua?

David rompe a llorar, abrazado a Óscar.

DAVID.— ¡Ha pasado una cosa terrible!

ÓSCAR.— ¿Te ha dejado?

David niega.

¿La has pillado con otro?

DAVID.— ¡Peor aún!

ÓSCAR.— Se ha hecho lesbiana.

DAVID.— El director de la serie...

ÓSCAR.— Embarazada. Está embarazada del director de la serie...

DAVID.— El director de la serie... me ha dicho que como actriz no vale un pimiento...

ÓSCAR.— Hombre, tampoco hace falta exagerar...

DAVID.— Y que le iban a quitar el papel...

ÓSCAR.— Ostras, tú...

DAVID.— ¡Qué vergüenza!

ÓSCAR.— Estará avergonzada...

DAVID.— ¡Yo, yo, yo soy el que está avergonzado!

ÓSCAR.— ¿Tú?

DAVID.— ¡Qué ridículo tan espantoso! ¿Qué dirán ahora todos de mí, qué dirá el productor, los compañeros...? ¡David se ha liado con una actriz malísima!

ÓSCAR.— Hombre, visto así...

DAVID.— ¿Cómo es que él, tan fino, tan inteligente, tan sensible, no se ha dado cuenta de que ese pendón es una actriz horrible... ¡horrorosa!?

ÓSCAR.— Eso de llamarla pendón aún no se me había ocurrido a mí. Y es raro, porque es un insulto de mi época.

DAVID.— ¿Cómo he podido estar tan ciego? Y tú bien que me lo advertías. ¿Cómo he podido no verlo?

ÓSCAR.— No lo veías porque escondías la cabeza entre las piernas...

DAVID.— *(Sorprendido)* ¿Entre las piernas? Querrás decir bajo tierra...

ÓSCAR.— Entre las piernas... de ella.

DAVID.— ¿Cómo..., cómo he podido...? Ni siquiera es muy fotogénica... Tiene la parte izquierda de la cara que no...

ÓSCAR.— No...

DAVID.— Demasiado...

ÓSCAR.— Sí...

DAVID.— Demasiado... dura...

ÓSCAR.— Dura...

DAVID.— ¿No?

ÓSCAR.— Sí...

DAVID.— Y no tiene... no tiene registros..., todo lo hace..., no sé..., como plana..., sin emoción..., sin... alma...

ÓSCAR.— Desalmado... Así estás tú, pobre...

DAVID.— ¡He dado la cara por ella, Óscar! ¿Qué será de nosotros?

ÓSCAR.— Ah... ¿Ahora somos nosotros?

DAVID.— No puede continuar viviendo aquí.

ÓSCAR.— No puede continuar viviendo... en mi casa, quieres decir...

DAVID.— En nuestra casa... no puede continuar...

ÓSCAR.— Nuestra casa...

DAVID.— Dile, por favor, que no estoy, que me he ido de viaje, que se vaya.

ÓSCAR.— Pero...

DAVID.— Y que no volveré en unas cuantas semanas, en meses...

Va hacia un lateral, para salir.

ÓSCAR.— Espera, hombre, espera...

Va tras David, apresurado.

DAVID *(off)*.— Y no la quiero ver, no quiero...

ÓSCAR.— ¿Pero adónde vas?

DAVID *(off)*.— Necesito relajarme, a darme una ducha caliente...

ÓSCAR.— ¿Una ducha? No hay agua caliente, hombre, espera...

Sale de escena. Pausa.

DAVID *(off)*.— *(A gritos)* ¡No hay agua caliente, hostia puta!

Pausa. Por la puerta del foro entra Micky, con la cara limpia.

MICKY.— Hoy me ha pasado una cosa cojonuda. El desgraciado del director de la serie me ha echado una bronca porque decía que no daba el papel... ¡Que no "daba"!... ¡yo!... ¡el papel!..., esa "mierda" de papel... Y que dónde había estudiado... ¡yo!... interpretación... En tu culo, he estudiado yo interpretación, desgraciado, que lo tienes como un elefante. Obviamente, me he puesto a llorar. ¿Qué podía hacer? Pero eso al culo de elefante no le ha impresionado nada de nada, estaba muy interesado comprobando en los pantalones del nuevo galán joven hacia qué lado cargaba. Pero al que sí que ha impresionado es al ayudante de cámara, que resulta que era amante temporal de la mujer del director de una peli para la que estaban cerrando el *casting*, y después de acompañarme al lavabo para que me enjugara los ojos, me ha concertado una cita, con el director, no con su mujer. El caso es que he ido, le he contado mi historia, me he emocionado, he vuelto a llorar y él también me ha acompañado al lavabo para que me enjugara los ojos. Y me han dado el papel. No, ningún problema, una peli no es una serie de televisión, en una serie se habla mucho, tienen que rellenar muchos minutos, un tío y una tía cara a cara, venga a hablar, venga a soltar palabras, un rollo, pero de algún modo tienen que cubrir todo ese tiempo. En el cine no, en el cine se habla poco, solo tienes que dejar que te fotografíen. Y del cine, una vez se estrene la peli, aprovechando las entrevistas de promoción, el paso siguiente será el teatro. El teatro es más fácil; aunque lo haga mal, como ya seré famosa, vendrá mucha gente a verme. La prueba, Jorge Sanz; si él puede hacer teatro, yo, *Hamlet*. No, *Hamlet* no, que Ofelia, me ha dicho una amiga que se llama igual, no es un papel demasiado lucido. Y además que, cuando me iba de la tele, he oído decir al ayudante de producción que la serie donde querían que trabajara, que ya he dicho yo que ni loca, la serie en la que está David de protagonista, ya ves tú qué protagonista, ha empezado a perder audiencia y no la van a renovar. David se hundirá, ya verás, tiene tan poca... consistencia... y solo me faltaba a mí ahora tener que aguantarle sus depresiones... lo mejor será que me vaya a vivir temporalmente con Ofelia...

Coge una maleta que está detrás de la puerta del foro. En ese momento aparece por el lateral Óscar.

ÓSCAR.— *(Grave)* Micky, tenemos que hablar seriamente. Lamentándolo mucho... *(Dándose cuenta de la maleta)* ¿Adónde vas?

MICKY.— Lejos...

ÓSCAR.— Pero...

MICKY.— Os perdono, es muy difícil vivir con vosotros. Adiós...

Micky se va. Casi enseguida entra David.

DAVID.— ¿Le has dicho...?

ÓSCAR.— Es ella la que se ha ido, no nos soporta...

DAVID.— Ostras...

Oscuro.

Cuando se vuelven a encender las luces, continúa el decorado del apartamento y Óscar y David se encuentran sentados de cara al público con un par de libretos en las manos.

ÓSCAR.— *(Leyendo)* "Qué cosa tan extraña es la memoria. Nos acordamos de cosas aparentemente triviales y aun así no podemos recordar las más importantes. *(Pausa)* A lo mejor es porque las cosas que consideramos importantes no lo son tanto".

DAVID.— *(Leyendo)* "Y las triviales no son tan triviales como parecen".

ÓSCAR.— Aquí pone "sonríe afectuosamente".

DAVID.— Ah. *(Un poco molesto, repite, sonriendo falsamente con cariño)* "Y las triviales no son tan triviales como parecen". *(Pausa)* ¿Mejor ahora?

ÓSCAR.— Te ha molestado.

DAVID.— ¿Qué?

ÓSCAR.— Te ha molestado que te corrigiera.

DAVID.— No, no. ¿Por qué me iba a molestar?

ÓSCAR.— No sé. Me había parecido...

DAVID.— ¿Qué?

ÓSCAR.— Que te había molestado.

DAVID.— Pues no. No me ha molestado.

ÓSCAR.— Ah. *(Pausa)* ¿Continuamos?

DAVID.— ¿Continuamos qué?

ÓSCAR.— Esto. *(Pausa)* Que si continuamos con la obra.

DAVID.— ¿Tienes ganas?

ÓSCAR.— ¿Ganas?

DAVID.— De continuar. De la obra. *(Pausa)* De todo.

Óscar se encoge de hombros, resignado. Continúa leyendo.

ÓSCAR.— "Dicen que, a medida que te vas haciendo mayor, vives cada vez más en los recuerdos. Por eso los viejos son tan pesados. Siempre están recordando cosas. Como Enrique. Siempre contando sus batallitas...[3]".

DAVID.— *(Leyendo sin estar concentrado)* "¿Qué Enrique?".

ÓSCAR.— "Ribera, ¿quién va a ser?[4]".

---

[3] Traducido de *Raccord*, de Rodolf Sirera, Barcelona, Proa y Teatre Nacional de Catalunya, 2005.
[4] El texto que sigue no pertenece ya a la obra citada en la nota anterior. El personaje de Enric Ribera, al que se hace referencia, es el protagonista de otra obra del autor, *Plany en la mort d'Enric Ribera,* Barcelona, Edicions 62, 1982.

DAVID.— "¿Ribera? No me acuerdo".

ÓSCAR.— "Sí, hombre... Siempre contando anécdotas de su carrera, que si había hecho aquella obra con aquella actriz, o la otra, o en aquel teatro. Era un pesado. Nosotros lo aguantábamos, qué íbamos a hacer, era un compañero. Estaba ya un poco gagá...".

David cierra el libreto.

DAVID.— Muertos. Así es como estaremos nosotros.

ÓSCAR.— ¿Qué?

DAVID.— Nos echarán del teatro a pedradas.

ÓSCAR.— No me extrañaría. Si le pones tanto entusiasmo...

DAVID.— ¿Entusiasmo? Es un rollo, un tostón, una obra absolutamente insoportable... Los espectadores no llegarán ni a dormirse. Nos matarán antes.

ÓSCAR.— Eso es derrotismo...

DAVID.— ¡Por el amor de Dios, Óscar! ¿Cómo hemos podido caer tan bajo?

ÓSCAR.— Necesitábamos trabajar...

DAVID.— ... pero... ¿con esto? *(Por el libreto)* ¿Con esto?

ÓSCAR.— Es una obra de dos actores. Ahora no se pueden hacer obras de más de tres actores, ya sabes, la crisis...

DAVID.— ¡Un monólogo! Yo tendría que haber hecho un monólogo...

ÓSCAR.— No es tan fácil, el mercado está un poco saturado...

DAVID.— ... pero, claro, me pediste ayuda, me tocaste la fibra sensible...

ÓSCAR.— ... de monólogos, hay mucha competencia...

DAVID.— ... un texto de un autor que promete, me dijiste...

ÓSCAR.— ... y es una obra que trata del teatro...

DAVID.— ... ¡una mierda promete! El autor tiene sesenta y cuatro años...

ÓSCAR.— ... es intemporal, las obras que hablan del teatro siempre le gustan a la gente...

DAVID.— ... sesenta y cuatro años, ni siquiera sabía que había escrito teatro de joven... Es un profesor universitario, Óscar... ¡U-ni-ver-si-ta-rio!

ÓSCAR.— ... y me la ofreció en exclusiva...

DAVID.— ¿En exclusiva? ¡Y tan exclusiva! ¿Quién cojones, que no esté como una puta cabra, querría estrenar eso?

ÓSCAR.— ... me la ofreció, ¿qué querías que hiciera?, hace meses que no tengo trabajo...

DAVID.— ... ¡y me lías a mí!, ¡a mí!, aprovechándote de mi amistad...

ÓSCAR.— ... que también hace meses que estás sin trabajo...

DAVID.— Sabes perfectamente que estoy esperando que la serie se ponga otra vez en marcha, nos han prometido segunda temporada...

ÓSCAR.— Segunda temporada.

DAVID.— Es solo cuestión de tiempo...

ÓSCAR.— ¿De tiempo? ¿Cuánto tiempo? La tele está arruinada, no paga, si quieres continuar cerrando los ojos y creyendo todavía en los milagros, por mí, adelante, no seré yo el que te los abra...

DAVID.— Ah, me gusta, ahora resulta que el reflexivo eres tú, la mariquita loca se nos ha vuelto reflexiva..., razonable...

ÓSCAR.— La mariquita loca, como tú dices, ha conseguido una obra, que es estreno absoluto, y un sitio donde representarla...

DAVID.— ¿Un sitio? ¡Una pocilga, querrás decir! Eso ni es un teatro, ni es nada...

ÓSCAR.— ¡Es una sala *off*! Y tú, que eres tan moderno, tendrías que saber que el teatro más interesante, el más renovador, siempre se ha hecho en salas *off*... aunque no lo hayas llegado a conocer. ¿Qué pasa? ¿En el conservatorio no os hablaban de eso?

DAVID.— Ah, lo que faltaba: el rencor de los autodidactas contra los que hemos hecho una carrera y tenemos un título.

ÓSCAR.— Para lo que sirve el título... ¿Te van a dar mejores papeles por tener el título? ¿Vas a representar mejor a los personajes?

DAVID.— No quiero discutir contigo. Es obvio que pertenecemos a dos generaciones distintas.

ÓSCAR.— Afortunadamente.

DAVID.— Sí, afortunadamente.

Larga pausa. Los dos se miran de reojo, evitando que el otro le vea.

La verdad es que, por más que te obstines, esto *(Por el libreto)* no es *El veneno del teatro.*

ÓSCAR.— Siempre he soñado que algún día haríamos esa obra juntos. Tú y yo.

DAVID.— Es inútil. El autor no autoriza el montaje. Y si algún día lo autoriza, no será a nosotros.

ÓSCAR.— Por eso acepté la propuesta de montar esta obra. Y porque nos conocemos tantos años, hemos vivido juntos tanto tiempo, y nunca hemos subido juntos a un escenario.

DAVID.— Y porque los dos estamos en el paro, supongo.

ÓSCAR.— Eso también.

DAVID.— Doy gracias a los dioses que no has dicho que has decidido tirar adelante con la obra porque es una buena obra...

ÓSCAR.— Hombre, tampoco es tan mala... Es una obra..., ¿cómo diríamos?..., metafórica...

DAVID.— Metafórica... Por cierto, ¿cómo te llegó a ti esa metáfora?

ÓSCAR.— ¿Cómo?

DAVID.— ¿Dónde?

ÓSCAR.— Ah... Una coincidencia...

DAVID.— Una coincidencia...

ÓSCAR.— El autor y yo coincidimos...

DAVID.— ¿En un estreno en el Centro Dramático?

Óscar niega con la cabeza.

¿En una lectura en la SGAE?

ÓSCAR.— En una sauna.

David lo mira, como si le costara dar crédito a lo que oye.

DAVID.— Una paja.

ÓSCAR.— No. Fue platónico.

DAVID.— Una paja mental, quiero decir. La obra.

ÓSCAR.— Me recordaba a mi padre.

DAVID.— ¿La obra?

ÓSCAR.— El autor.

DAVID.— ¿Se le parecía?

ÓSCAR.— Físicamente, no. Pero tenía título universitario.

DAVID.— ¿Tu padre tenía título universitario?

Óscar afirma con la cabeza.

Tenía entendido que tu padre había sido ordenanza en Bancaja. Y maquetista ferroviario los fines de semana.

ÓSCAR.— Sí. Pero tenía ambiciones.

DAVID.— ¿Quería llegar a jefe de estación?

ÓSCAR.— No. Estudiaba en las horas libres. Que para un ordenanza de una sucursal de Bancaja eran muchas.

DAVID.— Y ¿dónde se tituló y de qué, si se puede saber?

ÓSCAR.— De económicas en la Universidad Católica de Honduras. Por correspondencia.

DAVID.— ¿Le enviaron el título por correo?

ÓSCAR.— No, se lo trajo en persona un nieto del rector, que estaba de viaje de estudios.

DAVID.— Interesante.

ÓSCAR.— No creas. No le vimos abrir un libro en los dos meses que estuvo alojado en nuestra casa.

DAVID.— Hablando de casas y de alojamientos...

ÓSCAR.— He hecho algunos cambios desde que te fuiste. No sé si te has dado cuenta...

DAVID.— Eh... sí... *(Evidentemente, no se ha dado cuenta)* Aquel cuadro...

ÓSCAR.— Hace años que está colgado en el mismo sitio. Me lo regalaste tú por mi cumpleaños.

DAVID.— ¿Sí?

ÓSCAR.— ¿Querías decirme?

DAVID.— *(Se nota que le cuesta decirle lo que quiere decirle)* En cualquier caso, se nota la casa como más..., cómo diría yo..., más consolidada...

ÓSCAR.— Más limpia..., más ordenada...

DAVID.— Puede ser. No sé. *(Pausa)* Siempre te ha gustado vivir solo.

ÓSCAR.— No siempre.

DAVID.— Pero ahora sí.

ÓSCAR.— Puede ser. *(Pausa)* Hay épocas y épocas.

DAVID.— Como en todo.

ÓSCAR.— Sí.

DAVID.— Claro. *(Pausa)* ¿Y te las arreglas bien con el alquiler?

ÓSCAR.— ¿Con el alquiler?

DAVID.— Cuando vivía contigo, ibas siempre con el agua al cuello.

ÓSCAR.— Ahora ya no.

DAVID.— ¿Y eso? Porque trabajar, lo que se dice trabajar...

ÓSCAR.— ¿Sí?

DAVID.— Lo mismo que yo. Puede que un poco más...

ÓSCAR.— Mi madre, cuando murió, me dejó algo de dinero.

DAVID.— Ah.

ÓSCAR.— La pobre. Se pasó muchos años ahorrando. El dinero que le pagaban a mi padre por las maquetas ferroviarias.

DAVID.— Vaya. Pero con eso... Quiero decir, no creo que sea un gran capital.

ÓSCAR.— Jugaba a la bolsa. Le salieron bien las cosas, ya ves. La que realmente entendía de economía era ella, no mi padre. Y como se había convencido definitivamente de que yo no la iba a hacer abuela...

DAVID.— *(Como quien no quiere la cosa)* Así que ahora... no tienes problemas económicos...

ÓSCAR.— No creas. El dinero de mi madre cubre el alquiler del piso y poca cosa más. Continúo necesitando trabajar...

DAVID.— Qué suerte que puedas hablar así de tus padres...

ÓSCAR.— ¿Hablar cómo?

DAVID.— No sé..., sin contrición...

ÓSCAR.— Si empiezas a usar palabritas raras, me voy a la cocina.

DAVID.— ... quiero decir, sin arrepentimiento...

ÓSCAR.— ¿Arrepentimiento? ¿Por qué? Me aceptaron tal como soy. Nunca me dijeron lo que tenía que hacer. ¿Quería hacer teatro y morirme de hambre? Si el chico es feliz, adelante. En caso de necesidad nunca le faltará un plato de arroz en la mesa.

DAVID.— Mis padres no... Nunca les gustó que quisiera ser actor... No me perdonaron que me marchara del pueblo. Casi no me hablaban.

ÓSCAR.— ¿Y con tu hermana?

DAVID.— Tampoco.

ÓSCAR.— Pues vamos bien. Somos dos huérfanos. Yo titular, tú asimilado.

DAVID.— Óscar, yo... ya sé que en nuestra relación no ha sido todo de color de rosa...

ÓSCAR.— No hace falta que lo digas.

DAVID.— Puede que me equivocara...

ÓSCAR.— Puede, no. Seguro.

DAVID.— Nunca debí haber traído a aquella impresentable. Tú y yo vivíamos tranquilos, vivíamos nuestra vida... sin incomodarnos... Si uno de los dos quería tener un rollo, el otro desaparecía discretamente por el foro...

ÓSCAR.— Tú nunca tuviste que desaparecer...

DAVID.— Ni tú nunca desapareciste discretamente... El caso es que, después de aquello de Micky...

ÓSCAR.— ... te liaste con otra y con otra...

DAVID.— ... y nos empezamos a incomodar.

Pausa. Óscar se queda mirando fijamente a David, que se remueve, incómodo.

ÓSCAR.— David, ¿qué es, exactamente, lo que quieres?

DAVID.— Pues... el caso es que... voy un poco justo de dinero, y...

ÓSCAR.— ¿Y?

DAVID.— Solo por un tiempo..., mientras pasa esta mala racha...

ÓSCAR.— ¿Qué?

DAVID.— ¿Te molestaría mucho que...? *(Pausa)* Me da un poco de vergüenza, pero...

ÓSCAR.— Tu habitación ahora es el trastero...

DAVID.— Gracias... Gracias, Óscar, de todo corazón...

ÓSCAR.— ... o sea, que si te instalas tú, no hace falta cambiarle la denominación...

DAVID.— No me importa. Dormiré abrazado a la aspiradora.

ÓSCAR.— ... con una condición, solo con una...

DAVID.— ... si es dinero, en este momento yo...

ÓSCAR.— ... haremos la función...

DAVID.— ... ¿qué función?

ÓSCAR.— Esa que no te gusta. La del autor sexagenario...

DAVID.— ¿Esa mierda? Es una mierda, Óscar, y tú lo sabes.

ÓSCAR.— Entonces, lo siento por la aspiradora. Tendrá que seguir durmiendo sola.

Oscuro.

Cuando se vuelven a encender las luces, el escenario está vacío. Ha desaparecido el decorado que representa el apartamento de Óscar y ha aparecido, en el mismo lateral de siempre, la puerta del bar, con su rótulo que parpadea.

VOZ HOMBRE *(off)*.— Qué alegría verlo por aquí de nuevo... ¿Qué le pongo?

DAVID *(off)*.— Un *whisky*. Con Coca-Cola...

VOZ HOMBRE *(off)*.— Le hemos echado de menos. A usted y a aquella chica, ¿cómo se llamaba?

DAVID *(off)*.— ¿Qué chica?

VOZ HOMBRE *(off)*.— Aquella que tenía el culo como en pompa, no sé cómo explicarlo, perdone...

DAVID *(off)*.— La chica del culo en pompa... Está bien...

VOZ HOMBRE *(off)*.— ¿Ya no sale con usted? Lo digo porque, si ya no salen, podría darme su teléfono...

DAVID *(off)*.— Lo siento, ya no tengo su número... Y esto, haz el favor y apúntamelo...

VOZ HOMBRE *(off)*.— ¿Le abro una cuenta?

DAVID *(off)*.— Apúntalo en la cuenta de Óscar.

Se abre la puerta y sale David con el libreto de la obra en la mano. Camina hacia el centro de la escena mientras habla. Se enciende un cigarro. La puerta desaparece por el lateral.

DAVID.— ¿Qué podía hacer? Aceptar representar aquella ridícula obra. Al menos me evitaría un tiempo estar mendigando un techo bajo el que cobijarme. Sí, soy un poco pedante en mi manera de hablar, ya lo sé. Es que, además del Conservatorio, empecé estudios de Filología. Un curso nada más, y no lo acabé, pero queda muy bien en el currículum. Y si vuelvo a vivir con Óscar, aunque sea solo de manera temporal, me ahorro también el alquiler del piso, porque como ha heredado no creo que me lo reclame. Volviendo a la obra: me la he leído otra vez, y no hay manera. No me cabe en la cabeza que el autor, por llamarlo de alguna manera, haya hecho una cagada tan grande. ¡Justamente con una obra que trata sobre dos actores y sobre el teatro! Ya sé que no es un tema demasiado original, pero es un tema que siempre funciona. No sé por qué a los espectadores les gustan tanto las obras que tratan sobre el teatro, posiblemente porque eso del teatro resulta cada día más exótico, pertenece al pasado, igual que los dinosaurios. De vez en cuando nos reavivan en algún parque jurásico. El Centro Jurásico Nacional: tendría que apuntármelo. Es verdad lo que digo, es fácil hacer comedia con el teatro, las obras de teatro que tratan sobre el teatro son obras de invernadero, el mundo exterior no les afecta, ni tampoco afecta a los espectadores, es como cuando en el zoológico se paran delante de la jaula de los monos: resultan tan graciosos porque se parecen a ellos, pero no son ellos. Lo que no saben es que los monos piensan lo mismo de nosotros. *(Tira la colilla al suelo, la pisa con el pie)* Hablando de la cadena evolutiva...

Lo dice por Óscar, que entra por el lateral contrario andando apresurado.

Eh, eh... ¿Adónde vas?

ÓSCAR.— *(Descubriéndolo)* Habíamos quedado en el bar...

DAVID.— Necesitaba fumar. Y como ya no se puede...

ÓSCAR.— Ya no se puede en ninguna parte.

DAVID.— Sí.

ÓSCAR.— Deberías dejarlo. Ahora ya no se fuma ni en las obras de teatro. *(Apresurándole)* Venga, date prisa.

DAVID.— ¿Qué pasa? ¿A qué viene tanta urgencia?

ÓSCAR.— Tendremos que aplazar el ensayo. Tengo que volver al banco antes de que cierren.

DAVID.— ¿Has ido al banco? ¿Para qué?

ÓSCAR.— *(Evasivo)* Cosas mías...

DAVID.— Si tienen que ver con la función, también son mías. *(Pausa)* ¿Tienen algo que ver con la función?

ÓSCAR.— *(Poco convincente)* No. *(Ante la mirada inquisitiva del otro)* Sí.

DAVID.— ¿Qué has hecho? No habrás pedido un préstamo. Qué tontería. No tienes nada, cómo te van a dar un préstamo.

ÓSCAR.— No es un préstamo. Mi madre había hecho un depósito a mi nombre. Poca cosa. Voy a cancelarlo y que me den el dinero. Lo necesitamos para montar la obra.

DAVID.— Óscar, estás completamente loco. Lo vas a perder todo.

ÓSCAR.— Es poco dinero, vamos a una sala *off*, casi no tenemos gastos. Lo invertiremos en vestuario y en hacer un poco de publicidad.

DAVID.— Óscar, no puedo aceptarlo. La obra no va a funcionar y tú lo sabes.

ÓSCAR.— Milagros más grandes se han visto en teatro.

DAVID.— Pero es que es una obra sobre dos actores... y los pone a parir... Pone el teatro a parir... Nos presenta como autistas, como egocéntricos... Dice que somos monomaníacos, que no nos interesa nada que no seamos nosotros mismos...

ÓSCAR.— *(Nervioso, mientras consulta el reloj disimuladamente)* Un poco exagerado, sí...

DAVID.— ¿Y el humor? ¿Dónde está el humor? ¡Se supone que es una comedia, Óscar! Y en la obra se habla de la crisis del mundo occidental, de la regresión de la cultura y... *(Ojea el libreto buscando una frase. Lee)* "... la infantilización de las masas a manos de la televisión promovida por gobiernos represivos...".

ÓSCAR.— Eso me recuerda que esta noche tenemos una entrevista en la tele.

DAVID.— Óscar, ¿estás escuchando lo que te digo?

ÓSCAR.— *(Queriendo acabar la conversación)* Tienes toda la razón. Es una obra comprometida. Apta para una sala *off.* Tenemos que concienciar a las masas.

> *Empiezan a escucharse gritos y consignas —"¡No a la reforma laboral!", "En defensa del puesto de trabajo", "Menos policía, más autogestión", "Banqueros a prisión", "Los políticos son vuestros cómplices", etcétera.—, que irán aumentando a medida que avanza la escena.*

DAVID.— ¿Por qué estás tan obstinado en hacer esta obra?

ÓSCAR.— *(Nervioso)* Porque es la única que tenemos... Porque necesitamos trabajar...

DAVID.— No. Ese no es el verdadero motivo. ¿Tú quieres que te diga el verdadero motivo?...

ÓSCAR.— Se me hace tarde.

DAVID.— El verdadero motivo es que tú y yo nos tenemos que besar y nos tenemos que revolcar en la cama en escena.

ÓSCAR.— *(Desesperado)* ¿Pero qué hacen esos desgraciados? ¡Van a cortar la calle y llegaré tarde al banco!

Los gritos de los manifestantes pasan a primer término. Oscuro.

Cuando se vuelven a encender las luces, vemos que en el foro hay colgada una gran pantalla. En el centro de la escena, David, que pasea nervioso, y Óscar.

DAVID.— Nos hacen perder el tiempo de una manera absurda. ¿Quién coño va a estar mirando la televisión... el segundo canal, que no llega más allá de la acequia de Mestalla...[5] a estas horas de la noche?...

ÓSCAR.— Peor es nada... Otras compañías no tienen ni eso.

DAVID.— Ah... Ahora resulta que somos una compañía. Si solo somos tú y yo. ¡Si no tenemos ni director!

ÓSCAR.— Un sueldo que nos ahorramos. *(Empezando a resoplar)* ¿No te parece que tienen la calefacción muy alta?

DAVID.— Hace tiempo que no encienden la calefacción. Para ahorrar.

ÓSCAR.— Pues yo tengo mucho calor.

DAVID.— Eso es que estás muy gordo.

ÓSCAR.— *(Asustado)* ¿Tú crees? ¿Lo dices en serio?

DAVID.— *(Compadeciéndose)* No, hombre, no. Son los nervios.

---

[5] Coloquialmente, el extrarradio de Valencia. Puede sustituirse por cualquier otra localización equivalente.

ÓSCAR.— Hace tanto tiempo que no salgo en la tele... Antes, siempre que salía, llamaba a mis padres. Mi madre se emocionaba mucho. Lo grababa en vídeo.

DAVID.— Ah.

ÓSCAR.— Ahora es muy difícil encontrar aparatos de vídeo.

Pausa.

Han dicho que nos enviarían a alguien con cafés. *(Se gira hacia David)* ¿Qué miras?

DAVID.— Estás sudando.

ÓSCAR.— *(Incómodo)* Un poco.

DAVID.— Te mancharás el cuello de la camisa. De maquillaje.

ÓSCAR.— ¡No!

Óscar se va corriendo hacia un lateral.

DAVID.— ¿Dónde vas ahora?

ÓSCAR.— ¡Al baño!

Sale de escena. David sacude la cabeza, resignado. Consulta el reloj. Pausa.

Por el lateral contrario al que se ha ido Óscar entra Micky, que empuja un carrito con cafés.

MICKY.— Les he traído cafés y pastas, por si quieren tomar algo mientras esperan...

Al reconocer la voz, David se gira.

DAVID.— ¡Micky!

MICKY.— ¡Hostia!

DAVID.— Tú... tú... ¿Qué haces aquí?

MICKY.— Soy... eh... *(Improvisando)* ayudante del realizador... Entre serie y serie..., para no quedarme de brazos cruzados..., me pidieron que les echara una mano... Soy una especie de asesora... y también hago de *coach*..., ayudo a los actores a prepararse, ya sabes...

DAVID.— Vaya, te había perdido la pista... Estás muy bien...

MICKY.— Gracias...

DAVID.— Y tú también estás muy bien...

MICKY.— Y tú, y tú...

DAVID.— Gracias...

MICKY.— O sea, que vosotros sois los de la función, que venís a que os entrevisten...

DAVID.— Pues sí, nosotros. Óscar y yo.

MICKY.— O sea, que habéis formado compañía...

DAVID.— Sí, de alguna manera. La hemos formado...

MICKY.— *(Mirándolo fijamente. Insinuante)* Últimamente pienso mucho en ti... Tenía tantas ganas de verte...

DAVID.— *(Empezando a deglutir con dificultad)* Sí, vaya, yo también... pienso..., tenía ganas...

MICKY.— *(Con la voz cada vez más ronca)* ¿De qué?...

DAVID.— De verte... Quiero decir, me gustaría...

MICKY.— He cambiado de número de teléfono. ¿Tienes donde apuntar?

David saca de un bolsillo un papel y un bolígrafo.

DAVID.— Dime.

Micky se acerca a él y le habla al oído. David tiembla de gusto.

Ah... ah..., la lengua en la oreja no..., por favor, no...

Micky deja la oreja de David. Lo mira, decididamente provocativa.

MICKY.— Con el noventa y seis delante.

David está como hipnotizado. De repente parece despertar.

DAVID.— Sí.

Y apunta rápidamente en el papel.

MICKY.— Ahora me tengo que ir. Nos veremos pronto, di que sí...

DAVID.— Sí.

MICKY.— *(Desde la puerta)* Te he echado tanto de menos...

David apunta rápidamente el número en el papel. Cuando levanta la mirada, Micky ya ha desaparecido.

DAVID.— *(Nostálgico)* Micky...

Pausa.

Óscar entra por el lateral contrario, apresurado. Lleva un trozo de papel higiénico alrededor del cuello, para impedir que el maquillaje le manche la camisa.

ÓSCAR.— Mientras meaba, se me han ocurrido un par de cosas para la entrevista.

DAVID.— *(Como si despertara de un sueño)* ¿Qué?

ÓSCAR.— Unas ideas para la entrevista. Pero, si no las apunto, se me olvidarán.

Se da cuenta de que David tiene un papel y un bolígrafo en la mano. Se los coge.

Fantástico, todavía no te lo había pedido. Estamos en sintonía.

David intenta resistirse, pero es demasiado tarde.

Gracias.

Óscar se concentra en escribir, ante la mirada angustiada de David.

DAVID.— Pero...

VOZ MUJER *(off).*—Óscar Latorre y David Fuentes, a plató...

ÓSCAR.— Justamente ahora... *(Mirando el papel)* Creo que no estoy inspirado. No he escrito más que tonterías...

Rompe el papel en tres o cuatro trozos y los tira al suelo. Después toma a David del brazo y lo empuja hacia el lateral.

Venga, vamos... Nos esperan...

David mira los trozos de papel tirados por el suelo. Después, el cuello de Óscar. Se lo señala.

¿Qué? *(Dándose cuenta)* Coño, el cuello, si no es por ti, qué ridículo...

Se quita el papel higiénico del cuello, lo deja sobre el carrito del café. Como David intenta resistirse, le vuelve a empujar.

¿Qué haces? Te distraes.

Los dos salen por un lateral. Pausa.

Al cabo de unos segundos entra David, corriendo. Coge los trozos de papel del suelo, se los mete en el bolsillo y vuelve a salir.

Bajan las luces. Empezamos a ver, proyectada en la pantalla del fondo, la entrevista con David y Óscar. En primer término, y en contraluz sobre las imágenes del fondo, Micky retira el carrito de los cafés y desaparece por un lateral. También durante la proyección volverá a entrar la puerta que se sitúa siempre en el lateral, pero ahora sin el rótulo de bar.

PRESENTADOR.— Y ahora, amigos y amigas, dejemos ya de hablar de cosas serias. Olvidémonos por un momento de los aburridos asuntos de la vida cotidiana, para adentrarnos en un universo de ilusión y fantasía: el teatro. El teatro nos ayuda a pasar el rato con alegría y aleja de nuestra mente los pensamientos desagradables. Y para hablar de teatro, en estos tiempos de crisis, tenemos aquí a dos actores súper conocidos y súper queridos por nuestros espectadores, Óscar Lafuente y David Torres...

David y Óscar sonríen estúpidamente hasta que se dan cuenta de que el Presentador ha dicho mal sus nombres. Discretamente, intentan corregirlo.

ÓSCAR.— Es Latorre...

DAVID.— ... y Fuentes...

PRESENTADOR.— Un fuerte aplauso para ellos... David Latorre y Óscar Cifuentes... nos acompañan esta noche para hablar de teatro...

Aplausos, obviamente grabados.

Dos actores de los que ya no quedan, que han dedicado los mejores años de su vida a una profesión heroica, una profesión sacrificada, una profesión que tiene mucho de sacerdocio...

ÓSCAR.— Sí, justamente... Yo siempre le digo... aquí, a David...

DAVID.— Tiene mucho de sacerdocio...

ÓSCAR.— Exactamente...

PRESENTADOR.— Óscar Corrientes y David Seistorres, dos nombres escritos con letras de oro en la historia de nuestro teatro... A punto de estrenar... ¿Qué? ¿Dónde? ¿Cuándo? Nuestros espectadores están muertos de curiosidad, ne-ce-si-tan saberlo...

DAVID.— Una obra... *(A Óscar)* No, habla tú...

ÓSCAR.— Es una obra... *La semilla*, se llama...

PRESENTADOR.— *La semilla*... Mmm... Interesante... Místico... Terriblemente a-trac-ti-vo...

DAVID.— Eso esperamos, sí..., que sea atractivo...

ÓSCAR.— Es una obra... para dos actores...

PRESENTADOR.— ¡Dos actores! Dejen que lo adivine: Óscar...

ÓSCAR.— *(Adelantándose)* Latorre...

DAVID.— ... y David Fuentes...

ÓSCAR.— Sí, nosotros...

PRESENTADOR.— Y la obra va...

ÓSCAR.— De teatro...

DAVID.— Habla de teatro...

PRESENTADOR.— ¡Qué original! Ya lo han oído ustedes, queridos telespectadores: la obra habla... ¡de teatro!

DAVID.— Sí..., pero... *(A Óscar)* No, mejor explícalo tú...

ÓSCAR.— Habla de teatro..., pero no de una manera frívola... El teatro es como una especie de parábola de la vida contemporánea...

DAVID.— ... sus contradicciones...

ÓSCAR.— ... exacto..., porque, al fin y al cabo, nos guste o no, todos nosotros..., todos estamos siempre...

DAVID.— ... sí, siempre...

ÓSCAR.— ... representando...

DAVID.— ... estamos representando...

ÓSCAR.— ... porque no queremos enfrentarnos a nuestra realidad...

DAVID.— ... porque no queremos...

ÓSCAR.— ... es decir, que somos unos mentirosos...

PRESENTADOR.— Absolutamente fas-ci-nan-te...

DAVID.— ... unos mentirosos...

ÓSCAR.— *(Pausa)* Unos cobardes.

> *La imagen de la pantalla se congela.*

> *Entra David. Cruza la escena. Llega delante de la puerta. Llama. Pausa. Micky abre, ligera de ropa, muy seductora.*

MICKY.— Entra...

DAVID.— *(Al público)* La vida es como el tren de la bruja, siempre pasas por el mismo sitio... y acaban pegándote escobazos.

David entra. La puerta se cierra. Oscuro.

Cuando se vuelven a encender las luces, la puerta y la pantalla han desaparecido y el foro lo ocupa el decorado del apartamento.

Se abre la puerta y entra Óscar, viene de la calle cargado con bolsas del supermercado.

ÓSCAR.— Todas las entradas vendidas... Como mínimo, tenemos el primer fin de semana asegurado. La verdad es que el local es tan *off* tan *off* –en eso tengo que reconocer que David tiene una parte de razón–, que solo caben treinta espectadores. Y que las noventa entradas vendidas para el fin de semana las he comprado yo: a eso se le llama "estrategia de *marketing*". Estoy completamente loco, me estoy fundiendo los ahorros de mi madre, pero, como dice aquel, el que algo quiere, algo le cuesta. Repartiré las entradas entre amigos y conocidos, incluso invitaré a algún enemigo; si todos dicen, porque están agradecidos, que la obra es cojonuda, no hay polémica, y si no hay polémica, ¿qué sentido tiene montar una obra en un local "doble *off*"? ¿Que por qué hago todo esto, empeñarme en montar esta obra que –y con David delante negaré siempre haberlo dicho– es un rollo de campeonato? Lo hago por él, porque lleva una época muy jodida, de muy mala suerte, y aunque la obra es todo lo que hemos dicho y más, servirá como mínimo para dar testimonio de que no nos hemos muerto, especialmente él; yo cada día que pasa me hago más viejo, que es la manera políticamente correcta de decir que estoy a punto de inscribirme en el registro autonómico de demencias seniles. Y aunque no haya hecho nada importante en mi vida, aunque no haya interpretado nunca un gran papel, quiero pasar a la historia del teatro como el amigo callado, el compañero que descubrió a un gran actor y sacrificó por él su carrera. Seré lo mismo que Friedrich Engels fue para Marx o el pepinillo a la hamburguesa: un complemento inevitable.

Se oye, a lo lejos, el agua de una ducha que corre. Óscar se sorprende. Sale de escena unos segundos para dejar la bolsa de la compra, mientras continúa hablando.

¿Pero no habíamos quedado que te ibas a ver a tu familia para invitarles al estreno? ¿Qué pasa, te has echado atrás? Lo de tus padres te lo tendrías que controlar, ya no tienes edad para jugar a hijo contestatario. Y como dejes pasar mucho tiempo, tus padres se morirán, siento decirlo, y después te arrepentirás toda tu vida por no haberte reconciliado antes que un hecho tan luctuoso se produzca...

El ruido del agua se interrumpe.

Porque esa, nos guste o no, es la triste realidad, tarde o temprano todos nos moriremos, tus padres, tú, yo... la vida habrá pasado por nuestro lado casi sin tocarnos, nos habrá mirado de reojo, ignorándonos olímpicamente, como si no le interesáramos, y la mayor parte de nosotros no dejará para la posteridad más que unas mínimas entradas en Internet, casi todas equivocadas porque, hay que joderse, en el mundo hay diez o doce personas que se llaman exactamente igual que tú, y las muy putas son bastante más importantes: tú no tendrás entrada en la Wikipedia, ellas sí; todo se resume en esto: ya que no queda más cojones que morirse, al menos que nos dejen aparecer en la Wikipedia.

Por el lateral entra Micky, cubierta con una toalla, el pelo mojado. Óscar la mira, muy sorprendido.

Pero... pero...

MICKY.— Hola...

ÓSCAR.— ¿Se puede saber qué cojones haces aquí?

MICKY.— Por fin os habéis acostumbrado a dejar el agua caliente encendida...

ÓSCAR.— ¿Se puede saber...

MICKY.— Hubo un tiempo en el que teníais la malísima costumbre de desenchufarla cuando no la gastabais...

ÓSCAR.— ... cómo has entrado? ¡Contesta!

MICKY.— Cuando me echasteis de aquí, se me *olvidó* devolveros la llave...

ÓSCAR.— Eso no te da derecho... ¡Devuélveme la llave!

MICKY.— Se la devolveré a David, fue él quien me la dio.

ÓSCAR.— David no está, se ha ido a ver a sus padres. Y la casa no es suya, es mía...

MICKY.— ... la tienes alquilada...

ÓSCAR.— ... alquilada, sí, y el contrato a mi nombre...

MICKY.— ... pero si nunca tenías dinero para pagar el alquiler, David tenía que pagar por ti todos los meses...

ÓSCAR.— Las cosas han cambiado, ahora es él el que no tiene dinero...

MICKY.— ¿Y por eso habéis montado esa obra de mierda?

ÓSCAR.— ¿Cómo?

MICKY.— Una obra de mierda, me han dicho, y encima no sale ninguna mujer...

ÓSCAR.— No sale ninguna mujer porque... ¡Porque no sale ninguna mujer!

MICKY.— Entonces os denunciarán por machismo. La ley obliga a distribuir el trabajo de forma igualitaria entre los dos sexos.

ÓSCAR.— ¡Pero si la obra pasa en un campo de concentración!

MICKY.— ¿Quieres decir que no hay campos de concentración mixtos? Ya te he *calao* yo, tú serás uno de esos que están en contra de la escuela mixta, de los que quieren la escuela separada por sexos. ¿Y sabes por qué? Yo te diré por qué: ¡porque las mujeres somos mucho más inteligentes que vosotros!

ÓSCAR.— ¿Quién te ha hablado de la obra? Alguna mujer, seguro... ¿Qué te ha dicho?...

MICKY.— Que te han caído *Pennies from Heaven...*, dinero de la familia, y te has metido a productor...

ÓSCAR.— ¿Dinero? Cuatro duros... Solo para pagar lo indispensable...

MICKY.— *La semilla*... Un título horrible. Volverás a la indigencia...

ÓSCAR.— ¿Cómo te has enterado?

MICKY.— Os hicieron una entrevista la otra noche, qué te crees, yo también veo la tele...

ÓSCAR.— ... una entrevista a altas horas de la noche, es raro que a esas horas de la noche estés tú viendo la tele en lugar de estar follando...

MICKY.— Follo con la tele puesta, hay algunos debates políticos que me excitan...

ÓSCAR.— A mí me provocan impotencia. *(Pausa. Mirándola inquisitivo)* ¿Se puede saber qué has venido a hacer aquí?

MICKY.— Resulta bastante obvio: ducharme.

ÓSCAR.— ¡Yo es que contigo alucino! ¡Ducharte! ¿No tienes ducha en tu casa?...

MICKY.— ... me han cortado el agua...

ÓSCAR.— ¡A quien se lo cuente no se lo cree!... ¡La muy jodida se deja caer en casa ajena..., una casa de la que la hemos echado a patadas... se deja caer unos meses después..., en pelota picada..., y dice que ha venido a ducharse!

MICKY.— ... me han cortado el agua, la luz... ya no puedo ver la tele...

ÓSCAR.— ¿Qué?

MICKY.— Vuestra entrevista fue el último programa que vi...

ÓSCAR.— ¡Qué casualidad!

MICKY.— La obra será una mierda, pero vosotros..., los dos, todo sea dicho..., estabais muy guapos...

El tono de Micky va haciéndose poco a poco más íntimo, más sensual. Óscar, aunque se resiste, no puede evitar sentirse halagado.

ÓSCAR.— ¿Nosotros? ¿Guapos? ¿Yo? ¡Qué va!

MICKY.— Lo digo de verdad. Y no solo eso. El entrevistador era un idiota, pero vosotros le disteis una lección...

ÓSCAR.— Una lección... ¿Qué dices?

MICKY.— Solo hacía preguntas sin sustancia... Pero vuestras respuestas... Ah, vuestras respuestas...

ÓSCAR.— ¿Sí?

MICKY.— En especial las tuyas...

ÓSCAR.— ¿Cómo?

MICKY.— No había color. David es muy atractivo, no se puede negar..., y tiene una voz muy bonita...

ÓSCAR.— Potente...

MICKY.— Bien timbrada, sí... Pero facilidad de palabra, lo que se dice facilidad de palabra...

ÓSCAR.— Mujer...

MICKY.— No quiero decir que no sea capaz de improvisar...

ÓSCAR.— Es un actor...

MICKY.— Está claro... A lo que me refiero es a construir un discurso bien fundamentado, con argumentos..., un discurso comprensible para todos, convincente...

ÓSCAR.— Puede que, ahora que lo dices...

MICKY.— Para eso hace falta...

ÓSCAR.— ¿Qué?

MICKY.— Aplomo... Madurez... Cultura... Haber vivido mucho... Haber querido mucho...

ÓSCAR.— *(Decididamente vencido)* Exageras...

MICKY.— Ya sabes que tú y yo nunca hemos congeniado..., no nos hemos caído nunca simpáticos..., pero siempre nos hemos dicho la verdad: yo te odio..., tú me odias...

ÓSCAR.— Sí...

MICKY.— Por eso sabrás que no te engaño: estuviste cojonudo en la entrevista...

ÓSCAR.— *(Hinchándose)* La verdad es que tienes razón, el entrevistador era un poco idiota...

MICKY.— Rematadamente idiota... Si me pudieras secar la espalda, te estaría muy agradecida...

ÓSCAR.— Claro...

Le seca la espalda como un autómata.

¿Hace mucho tiempo que no lo ves?

MICKY.— ¿Al presentador?

ÓSCAR.— No, mujer... A David...

MICKY.— ¿A David? Siglos...

ÓSCAR.— Pero esperabas encontrártelo aquí.

MICKY.— Te equivocas. Lo que esperaba era no encontrármelo...

ÓSCAR.— ¿Qué?

Micky se gira hacia Óscar y se abre la toalla. Él intenta no mirar, pero mira.

(Medio sorprendido, medio asustado) ¿Qué estás haciendo?

MICKY.— Comprobar una teoría.

ÓSCAR.— *(Apartando los ojos del cuerpo de Micky)* ¿Qué teoría?

MICKY.— Que lo que pasa contigo no es que las mujeres te den asco... lo que pasa es que... algunas... te dan pánico...

ÓSCAR.— Te equivocas... Yo... yo...

MICKY.— Déjame que te convierta en bisexual por una noche. Al fin y al cabo, nunca conseguirás tirarte a David. Solo de pensarlo se moriría...

ÓSCAR.— *(Tocado)* No digas eso... Calla... No lo digas...

MICKY.— Te propongo una cosa muy morbosa... Si quieres, me visto con ropas de David y después tú me desnudas...

Óscar la mira muy excitado.

Oscuro lento.

Cuando se vuelven a encender las luces, Micky está a un lado del escenario, delante de un perchero, vistiéndose. El decorado del fondo continúa en su lugar, pero la única zona iluminada es la que ocupa Micky.

Y sí, me vestí y me desnudó. Hicimos el amor, o un ejercicio gimnástico que más o menos se le parecía. Pero lo que no conseguí fue convencerlo de que, en lugar de invertir el dinero que le había dejado su madre en proyectos teatrales sin futuro, lo hiciera en un proyecto en el cual yo participara –y tenía dos o tres ya escogidos–, porque yo, futuro, lo que se dice futuro, vaya sí estaba decidida a tenerlo. Con David o sin él. Y fue sin él. Porque a David, aunque follaba algo mejor que Óscar, algo no muy difícil por otro lado, como actor, se le estaba empezando a pasar el arroz. Y me dije a mí misma que no valía la pena retomar y perder el tiempo con una relación de la cual, al fin y al cabo, no iba a obtener beneficios. Sí, ya sé, parece que no tenga corazón, ni sentimientos, y que solo me mueva el interés. Y no es verdad, cuando no consigo lo que quiero, me entra una pena muy grande y lloro, mira si tengo o no tengo sentimientos. Y me muero de envidia cuando le dan el papel a otra, y me lleno de cólera, y la envidia y la rabia también son sentimientos, que yo sepa. Negativos, dicen, pero sentimientos, al fin y al cabo.

Ha acabado de vestirse. En el perchero hay también un bolso. Saca de él un espejo y un estuche de maquillaje, y mientras se maquilla continúa hablando.

No, ahora en serio: no puedo permitirme ser débil. Sobre todo en el comienzo de mi carrera. Cuando haya conseguido lo que quiero, es decir, cuando haya dejado de ser una de tantas, me digo todas las noches desde que tuve la primera menstruación, me podré permitir el lujo de ser políticamente correcta. Es decir, humana y compasiva. Y podré dejar incluso que se den cuenta de que soy inteligente. Eso me decía, sí, pero con Óscar y con David entró en juego un elemento nuevo, que no había previsto –o había mal previsto–, y la cagué bien cagada.

Saca el perchero fuera de escena mientras acaba de hablar y desaparece. Pausa.

Suena fuera de escena el timbre de un teléfono móvil con el Va pensiero del Nabucco de Verdi. Se corta el sonido y oímos a Óscar hablar.

ÓSCAR *(off).* — ¿Sí? *[…]* Soy yo. ¿Y tú, quién eres? *[…]* Ah, hola, hombre, cuánto tiempo, ¿cómo estás? *[…]* Sí, pero no pude ir a verla, últimamente, entre unas cosas y otras, voy un poco de culo, y … *[…]* Como para tirar cohetes no, pero marcha, la cosa marcha… Despacito, pero marcha… *[…]* Pues mira, David y yo no estábamos seguros del todo porque es una sala pequeña, no muy conocida… *[…] La semilla,* un título horrible, eso pensábamos nosotros también… Pero, mira, seis meses hemos aguantado, la verdad es que solo hacíamos funciones los fines de semana, pero aun así… *[…]* Las reacciones del público son imprevisibles… *[…]* Exacto, un paso para otros proyectos más interesantes. *[…]* Una cosa de tele, y después nos cogieron para un montaje en el Centro Dramático. *[…]* Esa es la putada, que como es una producción pública, dura poco en cartel. *[…]* Sí, sí, con David, dicen que tenemos buena química… *(Ríe)* Será porque compartimos piso… *[…]* Eso es. Pero aún no me has dicho qué querías… *[…]* Sí… *[…]* Sí… *[…]* Sí… bastante jodida… *[…]* ¿Y eso os lo ha dicho el Conseller? *[…]* No, ya lo sé, la crisis… Es la excusa universal, sirve para todo… *[…]* Tienes razón, no hay derecho… *(Larga explicación de su interlocutor que hace que Óscar se vaya poniendo cada vez más triste) [...]* ¿Un manifiesto? *[…]* ¿Destrozar un estreno? Hombre, eso es muy fuerte… *[…]* Ya, si lo entiendo, a nosotros también hace meses que nos deben un bolo… *[…]* No creo que sea buena idea, sabes que, si te significas, te pueden poner en la lista negra… *[…]* ¿Pero cuánta gente ha firmado? *[...]* Claro, porque tienen miedo... *[...]* Es humano, tener miedo...*[...]* ¿Nosotros? Pues... Lo tendría que hablar con David, pero no sé... No creo... *[...]* Es que en este momento, cuando estamos empezando a salir del agujero... *[...]* Solidarios somos solidarios, claro que somos solidarios... Espiritualmente... *[...]* No, no, Jaime, no... Justamente ahora, no... *[...] (Enfadándose)* No, eso no tienes derecho a decírmelo, sabes que en otras ocasiones... *[...]* Mira, te lo digo claramente... Ya no es que no quiera firmar... ¡Es que creo que no es una buena idea!... *[...]* Si te pones así, no pienso continuar hablando. *[...]* Que no pienso continuar hablando, he dicho.

Óscar, nervioso, corta la llamada, mientras entra en escena David, que viene del interior de la casa y se dispone a irse a la calle.

DAVID.— Me marcho, he quedado con el fotógrafo, ya toca renovarse el *book*...

ÓSCAR.— ¿Qué?

DAVID.— Fotos... He oído mi nombre, ¿con quién hablabas?

ÓSCAR.— ¡Jaime Carrera! ¡Quiere que firmemos un manifiesto!

DAVID.— ¿Un manifiesto?

ÓSCAR.— Contra el Conseller de Cultura... Protestando por la política teatral...

DAVID.— Imagino que le habrás dicho que no...

ÓSCAR.— ¿Te crees que soy idiota? ¡Claro que no! Nosotros somos...

DAVID.— ... apolíticos... El teatro es cultura... y la cultura es...

ÓSCAR.— ... apolítica... Por lo menos, mientras nos siga contratando la administración...

DAVID.— Exactamente... Por cierto, no olvides que mañana tenemos que hablar con el jefe de producción del Centro Dramático...

ÓSCAR.— Y yo tengo que cortarme el pelo, comprarme un par de camisas... no sé si me dará tiempo a todo... *(Mirando el teléfono móvil que todavía tiene en la mano)* Maldito teléfono, la mitad de las veces que suena es para dar disgustos...

DAVID.— Hablando de teléfonos, me ha pasado una cosa extraña...

ÓSCAR.— ¿Otro manifiesto?

DAVID.— No, no. Un par de llamadas con un número oculto... Descolgaba y nadie decía nada...

ÓSCAR.— Te querrán secuestrar...

DAVID.— Seguramente.

David se va en dirección a la calle. Óscar mira nuevamente el teléfono.

ÓSCAR.— Justamente eso vamos a hacer, precisamente ahora que las cosas nos empiezan a ir mejor, firmar un manifiesto, no estamos pensando en otra cosa...

Guarda el teléfono en el bolsillo y se va hacia el interior de la casa. Pausa.

Al cabo de un momento oímos girar una llave en la cerradura y poco después la puerta se abre sigilosamente. Entra Micky de puntillas, con aire de conspirador nocturno.

MICKY.— *(Mirando de un lado a otro)* Ahá...

Se va y vuelve a entrar a los pocos segundos, tan sigilosamente como antes, pero ahora empujando un carrito de niño, en el que se supone que hay una criatura. Lo deja en el centro de la escena.

Después saca de su bolso un sobre con una carta, que deja sobre el carrito.

(En voz baja, a la criatura del carrito) Lo siento, la vida es muy dura...

Echa una última mirada melancólica hacia el interior del carrito, puede que arregle un poco la mantita.

(Como antes) Aquí te cuidarán bien... Supongo...

Después empieza a irse hacia la puerta tratando de no hacer ruido. Pero, antes de que llegue a salir, entra Óscar, que viene del interior de la casa. Mira el carrito, después a Micky, no da crédito.

ÓSCAR.— Pero... pero...

A Micky no le queda otro remedio que girarse.

(Reconociéndola) ¡Micky!

MICKY.— Me tengo que ir. Urgentemente. Unos meses... A Madrid, una oferta de trabajo muy buena...

ÓSCAR.— *(Sin comprender)* Me alegro..., pero...

MICKY.— Una comedia que está funcionando muy bien, tengo que hacer de *cover* de la protagonista... Por si se pone enferma o tiene grabación de la serie en la tele...

ÓSCAR.— Pensaba que nos habías devuelto la llave. Dijiste que nos la devolverías...

MICKY.— Se me había pasado por completo, con las prisas...

ÓSCAR.— ¡Habernos llamado por teléfono!

MICKY.— ¡Y lo he hecho! ¡A David! ¡Dos veces! Pero no se oía nada...

ÓSCAR.— ¿Y qué quieres? Quiero decir...

MICKY.— Tengo que irme a Madrid, es la oportunidad de mi vida...

ÓSCAR.— Eso ya lo has dicho... Pero no entiendo a qué has venido. ¿A despedirte?

MICKY.— No me la puedo llevar conmigo...

ÓSCAR.— ¿A quién no puedes?...

Pausa. Lentamente y de un modo teatral, Micky señala el carrito.

MICKY.— Pensaba que te habrías dado cuenta...

ÓSCAR.— *(Incongruente)* Creía que te dedicabas a pasear niños... Alguien me dijo... *(Inseguro)* Debía de tratarse de otra persona...

Una pausa aún más larga.

¿Es... tuyo?

MICKY.— Mía... Una niña...

ÓSCAR.— Ah...

MICKY.— Y no me la puedo llevar conmigo...

ÓSCAR.— A Madrid...

MICKY.— Sí... *(Pausa)* No puedo...

ÓSCAR.— *(Pausa)* Déjala con su padre... Que se haga cargo...

MICKY.— Eso es lo que estoy haciendo...

ÓSCAR.— *(Empalideciendo)* ¿Qué?

Justo en ese momento se abre la puerta y entra David en tromba, casi ni se da cuenta de la presencia de Micky y del carrito, y se encara con Óscar, que lo mira sin verlo.

DAVID.— ¡Un milagro! ¡Dime que crees en los milagros!

ÓSCAR.— *(Incapaz de reaccionar)* ¿Qué?

DAVID.— ¡Que si crees en los milagros!

ÓSCAR.— No. *(Mirando el carrito)* Sí...

DAVID.— *(Como si viera por primera vez a Micky y el carrito)* ¿Qué hace ella aquí? ¿Y eso?

ÓSCAR.— Dice que el padre es...

MICKY.— ... uno de vosotros dos, ahora no tengo tiempo de hacer la prueba de ADN, me tengo que ir a Madrid hoy mismo, puede que cuando vuelva...

Óscar y David se miran el uno al otro, estupefactos, quizás un poco más David.

DAVID.— *(A Óscar)* ¿Tú? ¿Pero no habíamos quedado que a ti las mujeres no te iban?...

ÓSCAR.— Solo fue una vez... *(Agachando la cabeza, avergonzado)* Por probar...

DAVID.— No es posible..., no es posible... Yo no puedo ser el padre... ¿Qué edad tiene el niño?

MICKY.— Es niña... Tres meses...

DAVID.— ¿Tres meses? No puede ser. *(Cuenta con los dedos. Se da cuenta de que sí que es posible)* Sí que es posible, pero es completamente inconveniente... ¡Justamente ahora..., ahora que... ahora que... Óscar! ¡Es que no te lo vas a creer, se ha producido un milagro!

ÓSCAR.— ¿Otro?

DAVID.— ¿A que no sabes a quién me he encontrado por la calle, cuando salía de casa?

ÓSCAR.— Al dios de la fecundidad...

DAVID.— ¡Al autor de *El veneno del teatro*!

ÓSCAR.— *(Animándose)* ¡No jodas!

Mientras David informa a Óscar, Micky, de puntillas, se dirige a la puerta que aquel ha dejado abierta. Echa una última mirada al carrito y desaparece sin que los otros se den cuenta.

DAVID.— Me he parado un momento a hablar con él y... *(Pausa dramática)* ¡Es que es una bomba, Óscar, una bomba!

ÓSCAR.— ¡Pero cuéntalo de una vez, por el amor de Dios!

DAVID.— Pues resulta que dice que pasa de todo, del teatro, ya sabes cómo es él, de todo, pasa de todo...

ÓSCAR.— Si yo ganara lo que gana él haciendo tele, ya podría...

DAVID.— Dice que no es la tele, que está hasta los cojones de la obra, que parece que no haya escrito otra obra en toda su vida, solo le piden esa para representar...

ÓSCAR.— No deja representarla...

DAVID.— ¡Pero ahora sí! ¡A nosotros, sí!

ÓSCAR.— ¿A nosotros? ¿Por qué a nosotros? No deja representarla, y va y a nosotros...

DAVID.— Dice que porque... *(Pausa)* No, no te lo digo...

ÓSCAR.— ¿Cómo que no me lo dices?

DAVID.— No...

ÓSCAR.— ¿Por qué no?

DAVID.— Te enfadarás...

ÓSCAR.— ¿Por qué me voy a enfadar? ¡Es la mejor noticia de mi vida! Siempre he querido hacer *El veneno del teatro*...

DAVID.— Pero me tienes que prometer que no te enfadarás.

ÓSCAR.— Te he dicho que no.

DAVID.— Pues dice que nos da los derechos porque odia la obra...

ÓSCAR.— ¿Nos da los derechos porque odia la obra?...

DAVID.— Dice que somos unos actores tan malos que nos la cargaremos definitivamente y ya nadie se la volverá a pedir en la vida.

ÓSCAR.— ¿Dice que nosotros somos malos actores?

DAVID.— Es una *boutade*. Los escritores son así.

ÓSCAR.— Gilipollas.

DAVID.— Sí.

ÓSCAR.— Unos creídos.

DAVID.— Eso también.

ÓSCAR.— Pero no somos tan malos actores.

DAVID.— No. No lo somos.

ÓSCAR.— Vamos a hacer un montaje que ese cabrón...

DAVID.— ... hijo de puta...

ÓSCAR.— ... cabrón hijo de puta del autor se va a cagar encima...

DAVID.— Sí...

ÓSCAR.— Y mañana, cuando hablemos con el director de producción del Centro Dramático, le diremos que tenemos los derechos... *(Inseguro)* Porque tenemos los derechos, ¿no?

DAVID.— ¡Los tenemos! ¡Delante de mí ha telefoneado a la SGAE... para decirles... que tenemos los derechos!

ÓSCAR.— Pues vamos a hacer una función cojonuda... Buscaremos el mejor director... Tú y yo, juntos... Una función cojonuda...

DAVID.— ¡Cojonuda!

Óscar saca del bolsillo su teléfono móvil.

¿Qué haces?

ÓSCAR.— Llamar a nuestro representante para contárselo. Mañana, en la reunión con el Centro Dramático, nos conviene ir acompañados.

DAVID.— ¡Buena idea!

ÓSCAR.— A veces, yo también tengo buenas ideas, ¿eh, cabrón?

DAVID.— ¡Cojonudas!

ÓSCAR.— *El veneno del teatro,* ostras, tú... *(Recitando)* "Tenemos que poner en el escenario todas nuestras miserias, nuestras angustias, nuestros inconfesables deseos, nuestros temores, Gabriel, nuestra verdad...".

DAVID.— ¡Estás fantástico!

David se da cuenta de que Óscar se ha quedado de repente inmóvil como una estatua. Sigue su mirada y la encuentra puesta en el cochecito.

¿Qué?

ÓSCAR.— ¿Qué hacemos con ella, David?... No podemos quedárnosla y hacer teatro...

DAVID.— Tienes razón... No podemos quedárnosla...

ÓSCAR.— Son... muchas responsabilidades... En otras circunstancias... puede que sí, no digo que no... Pero ahora...

DAVID.— Ahora no...

ÓSCAR.— No...

DAVID.— No podemos perder la oportunidad, Óscar... La oportunidad de tu vida... El papel con el que siempre has soñado...

ÓSCAR.— *(Como hipnotizado)* Sí...

DAVID.— Yo lo solucionaré... Te lo prometo...

ÓSCAR.— ¿Lo solucionarás?

DAVID.— Confía en mí... ¿Confías en mí?

ÓSCAR.— Confío...

DAVID.— Pues llama al representante. Yo me ocupo del resto...

Evitando mirar el carrito con la criatura, Óscar saca su teléfono móvil, marca un número. David, después de comprobar que Óscar ha marcado, hace lo mismo con el suyo. Mientras los dos hablan por teléfono, las luces se apagan lentamente, excepto el foco cenital que ilumina el carrito que está en el centro de la escena.

ÓSCAR.— ¿Jesús? *[...]* Soy yo, Óscar... Una noticia increíble... *[...]* Estoy bien, estoy bien, escúchame... *[...]* Increíble, sí, he dicho increíble, una noticia increíble... *[...]* No, no nos pagan el *bolo* que nos deben, escúchame... *[...]* ¡Que digo que me escuches, hombre! Que nos han dado los derechos de *El veneno del teatro*. *[...]* ¿Que quién nos los ha dado? El autor, quién quieres que nos los dé... *[...]* Que no es broma, te lo estoy diciendo en serio... Mañana vamos a hablar con el Centro Dramático y estaría bien que nos acompañaras, por los contratos... *[...]* David y yo, claro... *[...]* Un reparto cojonudo...

DAVID.— ¿Hola? *[...]* ¿Podría hablar con asistencia social...? *[...]* Perdone, pero no sabía el teléfono... Es un asunto urgente... *[...]* ¿Y no podrían pasarme ustedes la llamada? *[...]* Es que, mire, nos han dejado un niño..., una niña..., en el descansillo de la escalera... *[...]* Sí, una niña... abandonada... Y ni yo ni mi compañero nos podemos hacer cargo, obviamente... *[...]* ¿Cómo? ¿Matrimonio? ¿Mi compañero y yo? No, no... *[...]* ¿Pareja de hecho? No, tampoco. Somos actores... *[...]* ¿Mi nombre? David Lafuente... *[...]* No, no, Cifuentes no, Lafuente...

Las voces de ambos se pierden poco a poco mientras baja la luz de la escena. Solo queda iluminado el cochecito. La niña empieza a llorar, pero nadie la escucha.

Oscuro.

FIN DE LA OBRA

La Canyada, noviembre 2011-marzo 2012

Colección de Teatro

teatro**autor**

1. **El baile de los ardientes**
   Francisco Nieva

2. **Oportunidad: bonito chalet familiar**
   Juan José Alonso Millán

3. **Feliz aniversario**
   Adolfo Marsillach

4. **Operación ópera**
   Ignacio García May

5. **La mirada del hombre oscuro**
   Ignacio del Moral

6. **El señor de las patrañas**
   Jaime Salom

7. **Pop y patatas fritas**
   Carmen Resino

8. **Pisito clandestino**
   Antonio Martínez Ballesteros

9. **El dragón de fuego**
   Roma Mahieu

10. **Gracias, abuela...**
    Sebastián Junyent

11. **Pasarse de la raya**
    Juan José Alonso Millán

12. **Indian summer**
    Rodolf Sirera

13. **Cena para dos**
    Santiago Moncada

14. **Matrimonio para tres**
    Antonio Martínez Ballesteros

15. **Un millón por una rosa**
    María Luisa Luca de Tena

16. **Trescientos veintiuno, trescientos veintidós**
    Ana Diosdado

17. **Morirás de otra cosa**
    Manuel Gutiérrez Aragón

18. **Trampa para pájaros**
    José Luis Alonso de Santos

19. **Los gatos**
    Agustín Gómez Arcos

20. **Palomas intrépidas**
    Miguel Sierra

21. **Columbi lapsus**
    Albert Boadella

22. **Un hombre de cinco estrellas**
    María Manuela Reina

23. **El hombre del Taj Mahal**
    Santiago Moncada

24. **Caballos de mar**
    Rodolf y Josep Lluís Sirera

25. **Desnudos**
    Joan Casas

26. **Para-lelos 92 / Reservado el derecho de admisión**
    Petra Martínez y Juan Margallo

27. **Los figurantes**
    José Sanchis Sinisterra

28. **Entre tinieblas**
    Fermín Cabal y Pedro Almodóvar

29. **Ya tenemos chica**
    Juan José Alonso Millán

30. **Caprichos**
    Santiago Moncada

31. **Los españoles bajo tierra**
    Francisco Nieva

32. **El viaje infinito de Sancho Panza**
    Alfonso Sastre

teatro **infantil y juvenil** (Fundación Autor /Anaya)

El árbol de Julia
Luis Matilla

La ciudad de Gaturguga
José González Torices

La caja de música
Alfonso Zurro

Manzanas rojas
Luis Matilla

Tira-tira o La fábrica de tiras
Agustí Franch Reche

Se suspende la función
Fernando Lalana

Dora, la hija del Sol
Carmen Fernández Villaba

Animaladas
Rafael Alcaraz Sánchez

¿Es tuyo?
Josep Albanell

Au revoir, Marie
Tina Rodríguez Olivares

Barriga
Juanluís Mira

El chip experimental
Ignasi García Barba

Descubriendo, que es gerundio
Alberto Iglesias González

Sumergirse en el agua
Helena Tornero

El último curso
Luis Matilla

Blanco (el libro que nació sin tinta)
Ángel Solo

La comedia Borja
Ignasi Moreno

Lejos
Magda Labarda

Víctor Osama
Francesc Adrià

Las piernas de Amaidú
Luis Matilla

De aventuras
Gracia Morales

premios **LAM-Festival Visible**

De hombre a hombre
Mariano Moro Lorente

Levante
Carmen Losa

La playa de los perros destrozados
Nacho de Diego

Cliff (Acantilado)
Alberto Conejero

Beca y Eva dicen que se quieren
Juan Luis Mira Candel

teatro**homenaje**

Hermógenes Sainz
Historia de los Arraiz

Antonio Buero Vallejo
Las trampas del azar

José López Rubio
La otra orilla

Lauro Olmo
Pablo Iglesias

Fernando Fernán-Gómez
Los invasores del palacio

Adolfo Marsillach
Extraño anuncio

Antonio Gala
El caracol en el espejo

El mercader de ilusiones
La historia de Gregorio Martínez Sierra y Catalina Bárcena
Enrique Fuster del Alcázar

José María Rodríguez Méndez
El pájaro solitario

biografías / memorias

Desde el escenario. Reflexiones y recuerdos
Jaime Salom

Francisco Nieva. Artista contemporáneo
VV AA

Gerardo Vera. Reinventar la realidad
Jorge Gorostiza

M.ª Teresa León. Memoria de la hermosura
Olga Álvarez (Coord.)

antologías

Salvador Távora y la Cuadra de Sevilla
Tres décadas de creación teatral
Salvador Távora

manuales / guías

Manual de producción, gestión y distribución del teatro
(3ª ed. totalmente revisada por el autor)
Jesús F. Cimarro

Dramaturgia española de hoy
Fermín Cabal

mujeres**creadoras**

Nuria Espert
Juan Cruz

pequeño**autor**

Esto no es lo mío
María Vassart. Ils.: Noemí Villamuza

El misterio de la ópera
Norma Sturniolo. Ils.: Fernando Vicente

El niño que voló detrás de un escenario
Yolanda García Serrano. Ils.: Irene Becker

El mundo de Ariel
Marga Platel-Mateu Estarellas. Ils.: Mateu Estarellas

Esta publicación ha sido realizada íntegramente en papel ecológico libre de cloro